シリーズ 新約聖書に聴く

コリント人への手紙第一に聴く Ⅲ

聖霊の賜物とイエスの復活

袴田康裕
［著］

いのちのことば社

目次

51　御霊の賜物

〈Ｉコリント一二・一〜三〉

「さて、兄弟たち。御霊の賜物については、私はあなたがたに知らずにいてほしくありません。ご存じのとおり、あなたがたが異教徒であったときには、誘われるまま、ものを言えない偶像のところに引かれて行きました。ですから、あなたがたに次のことを教えておきます。神の御霊によって語る者はだれも『イエスは、のろわれよ』と言うことはなく、また、聖霊によるのでなければ、だれも『イエスは主です』と言うことはできません。」

教会における御霊の賜物

パウロは一一章からコリント教会における公的神礼拝の諸問題を取り上げてきました。第一は礼拝におけるかぶり物の問題であり、第二は主の晩餐の問題でした。ここからは第三の問題として、御霊の賜物の問題が取り上げられます。

御霊の賜物の問題で、コリント教会の礼拝には混乱が生じていました。何が問題になっていたかといえば、一四章三七節にあるように「自分を預言者、あるいは御霊の人と思っている」人がコリント教会にいたことです。自分は特別に聖霊の賜物を与えられたと言って、勝手気ままに預言したり、異言を語ったりする者たちがいました。

異言とは、聖霊降臨の出来事に関係があります。使徒の働きの二章に記されているように、五旬節の日に弟子たちが集まっていたところに聖霊が降《くだ》りました。二章四節にはこうあります。

「すると皆が聖霊に満たされ、御霊が語らせるままに、他国のいろいろなことばで話し始めた。」

聖霊が降り、聖霊に満たされた人たちは、「御霊が語らせるままに、他国のいろいろなことばで話し始めた」。これが異言という御霊の賜物の原点だと言えます。

この時以来、初代教会には、この異言という霊的な賜物をもつ人たちがいました。つまり、人々が理解することができないことばで祈ったり、讃美したりする者たちがいたのです。それもしばしば忘我の状態で、恍惚状態で、それがなされました。

このことがコリント教会の礼拝に混乱を招いていました。なぜなら、異言こそが最大の御霊の賜物だといってそれを誇る人たちがいたからです。異言を語る者こそが、より高いレベルの信仰者だとみなす傾向がありました。

しばしば異言を語る者たちは高ぶり、ほかの人々に異言を語ることを求めました。また人々も、その霊的な賜物に憧れる傾向がありました。逆に、異言を語れない者は、霊的な劣等感に苛まれることになったのです。

このようにコリント教会の一部の人たちは、異言を語ることに代表される、派手な御霊の賜物を重んじました。そのような賜物の重視が、礼拝の無秩序を招いていました。御霊に満たされたと言って、勝手気ままに祈ったり、讃美したりする人たちがいる。そしてしばしばそれが、理解できないことばでなされました。こうなれば、礼拝の秩序を守れないのは当然です。

こうした混乱の中でどうしたら良いかを、彼らはパウロに尋ねたのです。それに対する回答部分が、一二章から一四章であると言えます。

今日もキリスト教会の中には、この「異言」という霊的賜物を強調する教派・教会があります。このことを重視する教派が生まれたのは二十世紀になってからですが、今日では世界中にそうした霊的な賜物を強調する教会があります。そうした教会が現にたくさんあることから分かるように、そのような霊的現象が今日もあることは確かです。しかし問題は、今日のそうした霊的現象が、聖書に出てくる異言と同じかどうかです。

結論から言えば、同じではありません。外的な現れはよく似ているかもしれませんが、それがもっている霊的な意味は同じではありません。なぜなら、聖書に出てくる異言は、まだ聖書が完結していない過渡期に起こった特殊な現象だからです。

救済の歴史の中で、聖書が完結する以前の特殊な時代には、特殊な霊的賜物がありました。そして聖書の完結とともに、そのような特殊な賜物は廃れていきました。異言はそうした賜物の一つに数えられます。

聖書に出てくるものと全く同じ霊的意味、あるいは神学的意味をもつ異言は、今日はありません。では、聖書に出てくる異言のことを学ぶ意義はどこにあるのでしょうか。

異言や預言というのは、とても目立つ、派手な御霊の賜物と言えます。そのような派手な御霊の賜物が、いつの時代でもしばしば教会で問題を引き起こしました。

御霊の賜物にはいろいろな種類のものがあります。あるものはとても地味で、あるものはとても派手で目立つものです。そしていつの時代も派手な賜物がもてはやされ、それに伴う問題が起こるのです。霊的な賜物は、いつの時代も教会の問題要因でした。私たちはこの一二章以下を通して、御霊の賜物とは何であり、教会でどう受けとめられるべきかを学ぶのです。

パウロは一二章から一四章で、三章にわたって御霊の賜物について述べています。一二章一節から一一節では、御霊の賜物についての一般原則が述べられます。

一二章一二節以下では、霊的な賜物と教会との関係が明らかにされます。すなわち、それぞれの霊的な賜物は教会の益になるものとして与えられていること、つまり、霊的な賜物は、教会の共通の益に従属していることが明らかにされます。

一三章では霊的な賜物に対する愛の優越性が明らかにされます。どんなにすぐれた霊的賜物でも愛にはかないません。

そのうえで一四章から具体的な指示がなされます。そこでパウロは、目を見張るような派手な霊的賜物と公的礼拝の関連を問い、すべてのことが秩序正しくなされなければならないと強く訴えます。パウロは、御霊の賜物の問題で無秩序になっていたコリントの公的礼拝に秩序をもたらし、それを通して教会全体を造り上げることを目指したのです。

御霊の賜物について無知ではいけない

一二章一節でパウロはこう語り始めています。

「さて、兄弟たち。御霊の賜物については、私はあなたがたに知らずにいてほしくありません。」

「何々については」という表現は、これまでもコリント教会からの質問を取り上げる際に出てきた表現ですので、この問題がコリント教会からの問い合わせに基づいていることが分かります。

「御霊の賜物については、私はあなたがたに知らずにいてほしくありません」とあります。御霊の賜物については、無知でいてほしくない、無知でいてはいけない、とパウロは言います。このことばはそのまま、私たちに対する呼びかけのことばでもあります。私たちもまた、御霊の賜物について無知でいてはいけません。

教会に来れば、聖霊ということばを必ず聞きます。またキリスト者であれば、聖霊が三位一体の第三位格の神ご自身であられることは知っているでしょう。では、その聖霊はどのように働かれるのでしょうか。

聖霊の活動を、いったいどこで認めればよいのでしょうか。何か人間を忘我的にするような、霊的熱狂の中に認めるべきなのでしょうか。聖霊に満たされたという感情の高まりや、熱狂の中にこそ、聖霊の本来の働き場があるのでしょうか。

コリントという町が存在していたギリシアの異教社会には、こうした種類の宗教的熱狂が氾濫《はんらん》していました。古代世界では、神と深い関係をもつ者は特別な霊的な賜物をもち、ときには霊的熱狂に陥り、取りつかれたようにまくし立てて話したり、叫んだりしたそうです。その熱狂ぶりこそが、神の霊が宿っている「しるし」とされました。

こうした考えは、教会にも影響を与えていました。教会の中でも、特異な霊的な賜物を発揮すれば、それが霊的人物のしるしとされました。具体的には先ほど見たような、異言を語ることなどが、霊の人のしるしとされたのです。

古代世界の一般的な霊に対する理解が教会にも及んでいました。それが、コリント教会の過ちの原因でした。御霊の賜物について彼らは無知だったのです。そして無知であったがゆえに、外の世界の霊的理解を受け入れてしまったのです。

現在の私たちの国にも、ある霊的な理解が蔓延しています。スピリチュアル・ブームといわれているものは若者を中心になお続いています。既存の宗教に対しては強い抵抗感をもつ人たちが、その一方で、占いや前世といったお手軽で、個人的な「霊的事柄」に対して驚くほど無防備です。その「霊」が何であるかを真剣に問うことなく、ただ、不安を抱えている自分を肯定する手段として「霊的なもの」を求めています。何かにつながって安心したいけれども、それが何であるかは真剣に問うことはしない。きわめて個人的で、内向きで、感覚的なものといえます。

こういう、外の世界の霊的理解、霊的嗜好というものが、同じ時代を生きるキリスト者に影響を与えないことはないでしょう。私たちもいつのまにか、お手軽で、漠然と自分を肯定してくれるものを、神に求めているということはないでしょうか。聖書が教える、真の意味での「霊的なもの」また「霊的な賜物」が何であるかを知らなければ、この世の霊的理解の影響を受けてしまうでしょう。聖霊ということばを使うことや、聖霊と叫ぶことが大切ではなく、聖霊について聖書はどう教えているかを知ることが大切なのです。

ですからパウロは「御霊の賜物については、私はあなたがたに知らずにいてほしくありません」とまず呼びかけます。無知であってはいけないのです。

異教の霊的な力

パウロは具体的に御霊の賜物について語り始める前に、コリントのキリスト者たちが、かつて異教徒であったときの体験を思い起こさせています。

「ご存じのとおり、あなたがたが異教徒であったときには、誘われるまま、ものを言えない偶像のところに引かれて行きました」(二節)。

コリントのキリスト者たちがまだ異教徒であったとき、彼らは「ものを言えない偶像」に仕える偽りの宗教によって惑わされ、偶像のもとに引かれて行きました。

「ものを言えない偶像」ということばは、偽りの神は命のないものであることを示す旧約聖書的な表現です。詩篇一一五篇四～八節にはこうあります。

「彼らの偶像は銀や金。
人の手のわざにすぎない。
口があっても語れず
目があっても見えない。
耳があっても聞こえず
鼻があっても嗅げない。

手があってもさわれず
足があっても歩けない。

喉があっても声をたてることができない。

これを造る者も
信頼する者もみな　これと同じ。」

このように、真の神は語りかけてくださる神ですが、偶像は何もできないと、旧約聖書は繰り返して語りました。それゆえこの表現は、ユダヤ教徒たちが、異教の神々に対して悪口を言う際の常套句でもありました。

このように偶像は力なきものですが、パウロはここで単に偶像の無力を強調しているのではありません。二節で「誘われるまま」と訳されていることばは、「引き寄せる」「誘惑する」「力ずくで連行する」という意味のことばです。つまりパウロは、偶像は無力であるけれども、かつてあなたがたが異教徒であったとき、あなたがたは「誘われるまま」、すなわち、霊の力に引き寄せられ、連行されて、偶像のところに連れて行かれていた、と言っているのです。

パウロはコリント教会に存在した霊的現象を扱うにあたり、コリント人たちがかつてなじんでいた異教の霊的な力のことを思い出させています。彼らは霊の力に導かれて、偶像のもとに連行されました。何らかの霊的現象があったのでしょう。それに惹きつけられて、彼らはいわば力ずくで連行されるように、偶像のもとに導かれていました。

偶像自体は力なきものであったとしても、悪しき霊が働いていました。何らかの霊の業がありました。そして人々はそれにとらえられ、惹きつけられて、偶像礼拝に陥っていました。確かに当時のギリシア人は、一般的に霊的現象を高く評価していました。ですから人々はそれに惹きつけられ、とらえられたのでしょう。しかしその霊とは、真の神の霊ではありません。霊的な現象自体は、神の霊、聖霊によらなくても起こっていたのです。

霊的現象なら悪霊でも起こすことができる。そのことをパウロは思い起こさせています。ですから、ある種の霊的な現象があるか否かが、決定的なことではありません。まずそのことを、パウロは彼らの過去を振り返らせることによって、確認しようとしているのです。

聖霊によらなければ、だれもイエスを主とは言えない

異教徒の時代にも霊的現象はありました。だから霊的現象はあてになりません。では、神の霊、聖霊に導かれていることの真の基準とは何なのでしょうか。

先ほども述べましたように、今日のキリスト教会には、信仰の中心を宗教的興奮の中に求めようとする立場があります。自分を忘れ、現実を忘れ、陶酔することを求める。けれども、熱心と熱狂は違います。自分の信仰の生ぬるさを嘆いて、もっと熱心になり

たいと願うことは尊いことです。しかしその生ぬるい状況を、たとえば忘我的な熱狂的興奮や宗教感情の高まりで克服しようとするのは、正しいことではありません。それはもはや熱狂にすぎません。

信仰は感情の問題ではありません。感情が満たされていることが、御霊に満たされていることではありません。信仰とは文字どおり信じることです。それはある意味で意志的なものです。つまり、一見、神に見捨てられたような困難に直面しても、みことばの約束のゆえに神を信じる。みことばの約束に立つ決心をする。それゆえ、どんな状況にあっても神を信じる。それが信仰です。

ですから、信仰は気分や感情の問題ではありません。気分や感情は後から付いてくるものです。もしくは神の恵みに伴うものであって、それ自体が目的でありません。まして聖霊を測る基準ではありません。

では、聖霊に導かれていることの真の基準は何なのでしょうか。パウロは三節でこう言います。

「ですから、あなたがたに次のことを教えておきます。神の御霊によって語る者はだれも『イエスは、のろわれよ』と言うことはなく、また、聖霊によるのでなければ、だれも『イエスは主です』と言うことはできません。」

三節には、聖霊に導かれたかを判断する基準が、否定・肯定の両面から与えられています。判断の基準は「語られることば」にあります。真の霊の人であるか否かは、語ることばで分かる。それも、イエス・キリストを何と告白するかにかかっているのです。

ですから、いかに多くの知識と人間的な徳を持っていたとしても、またいかに霊的に派手な賜物をもっていたとしても、主イエスを本当の意味で主と告白しないならば、御霊は彼らのうちにあるとは言えません。逆に、いかに欠けが多く、罪と弱さがあったとしても、主イエスを主として、主に服従しようと心から願う者には、まさに御霊が宿っていると言えるのです。

「イエスは主です」は、キリスト教の根本的な主張を要約していることばです。そして最も古い信仰告白のことばです。イエスは、二千年前にパレスチナに生まれ、十字架につけられて殺された方です。そして死から復活された方です。その方を「主」と告白する。主というのはキュリオスということばですが、神の尊厳と救い主の栄光と力を表すことばです。ですから「イエスは主です」とは、あの十字架のイエスが、真の神であり、真の救い主であるという告白なのです。

そしてこの告白は、聖霊によらなければすることができません。イエスは主であると、真心から告白する者には御霊が宿っています。派手な霊的な賜物が御霊のしるしではありません。イエスは主であると、ことばの素直で完全な意味をもって告白できる人は、聖霊の支配下にあります。つまり、イエスが主であることは、本質的に、人間の力で発見できることではないのです。

皆さんはどのようにして「イエスは主です」という告白に導かれたのでしょうか。皆さんはどのようにして、主イエスを自らの救い主と信じたのでしょうか。どうして二千年前にパレスチナで生まれ、十字架の上で殺された方を、自分の救い主と信じることができたのでしょうか。これを合理的に説明することはできないと思います。

この手紙を書いたパウロもまたそうです。パウロこそ、この三節に記されている二つの告白をした人物でした。もともとの彼は熱心なユダヤ教徒として、キリスト者を迫害していた人物です。まさに彼こそ「イエスは、のろわれよ」と叫んでいた人物でした。

しかしその彼が「イエスは主です」と告白するに至りました。なぜそうなったのか。それは主イエスがこのパウロに出会ってくださったからでした。神が働いてくださったからでした。パウロが自ら真理を探究して、合理的結論としてそこに至ったのではありません。

私たちも同じです。パウロ自身がこの手紙の一章で語ったように、「イエスは主です」と告白することは、この世の知恵に反することです。二千年前に十字架の上で殺された人を、自分の救い主、罪の贖いと信じることは、この世の知恵からすれば本当に愚かなことです。しかしその愚かと思えることを、私たちは本気で信じて生きています。

私たちはだれも、信じることを強制されたことはないはずです。勧められただけです。信仰は強制されて、もてるものではありません。強くお勧めはしますけれども、あくまで一人ひとりの決心を尊重します。

私たちもそうでした。そのうえで、一人ひとりが、この世の知恵からすれば愚かとしか思えないことを信じるようになったのです。

なぜでしょうか。それは「人の力によるのではない」としか言いようがありません。聖霊によるとしか言いようがない。ですから、まさに「聖霊によるのでなければ、だれも『イエスは主です』と言うこと」はできないというのは、私たち一人ひとりに現に起こったことなのです。

私たちは信仰生活をしているなかで、はたして自分には信仰があるのだろうかと思うことがあるかもしれません。熱心な祈りもできず、ほかの人のような霊的な賜物もないように感じる。そう感じる時があるかもしれません。しかし私たちは、そういう自分の状況を嘆いたり、劣等感をもったりする必要はありません。まして派手な霊の現れを求める必要はありません。

聖霊はイエスを主と告白させる霊です。それゆえ、真実にイエス・キリストを主と告白し、十字架の主を自らの救い主と信じているならば、心配することはありません。なぜなら、その告白はただ聖霊によるのであり、その人は確かに御霊の宿る神の子とされているからです。そして神の子には、みことばに多くの約束があるからです。

私たちの救いの根拠も、キリスト者であることの根拠も、自分の中にあるのではありません。それは神の側に、神のことばの中にあります。ですから、いたずらに自分を見つめて嘆く必要はありません。

「イエスは主である」と告白する者は、御霊が宿る神の子です。そして神の子に対しては、万事が益となるように共に働きます。

自分に与えられている賜物は地味かもしれません。しかしそれは問題ではありません。どんな賜物であっても、それは尊いのです。

聖霊は「イエスは主です」と告白する霊です。ですから私たちは、礼拝の中で「イエスは主です」と告白します。神の前に静まって、みことばを聞き、信仰を言い表す。そのような礼拝においてこそ、神の栄光が現れるのです。

52　賜物の多様性

〈Ⅰコリント一二・四〜一一〉

「さて、賜物はいろいろありますが、与える方は同じ御霊です。奉仕はいろいろありますが、仕える相手は同じ主です。働きはいろいろありますが、同じ神がすべての人の中で、すべての働きをなさいます。皆の益となるために、一人ひとりに御霊の現れが与えられているのです。ある人には御霊を通して知恵のことばが、ある人には同じ御霊によって知識のことばが与えられています。ある人には同じ御霊によって信仰、ある人には同一の御霊によって癒やしの賜物、ある人には奇跡を行う力、ある人には預言、ある人には霊を見分ける力、ある人には種々の異言、ある人には異言を解き明かす力が与えられています。同じ一つの御霊がこれらすべてのことをなさるのであり、御霊は、みこころのままに、一人ひとりそれぞれに賜物を分け与えてくださるのです。」

御霊の賜物の多様性

四節から一一節でパウロは、御霊の賜物についての一般的な原則を提示しています。コリント教会においては、ある種の賜物が強調され、絶対視される傾向がありました。それに対してパウロは、御霊の賜物の多様性を明らかにします。四節から六節で彼はこう言っています。

「さて、賜物はいろいろありますが、与える方は同じ御霊です。奉仕はいろいろありますが、仕える相手は同じ主です。働きはいろいろありますが、同じ神がすべての人の中で、すべての働きをなさいます。」

四節で「賜物」と訳されているのはカリスマということばです。一般的に神から与えられた賜物を意味することばですが、ここでは、聖霊を通して人間に与えられた特別な能力を意味しています。しかしその聖霊の特別な賜物は「いろいろ」あるのです。異言はそのほんの一つにすぎません。

五節で「奉仕」と訳されているのは、ディアコニアということばです。もともとは、召使いが主人に仕える仕事、役人が国家に仕える仕事、祭司が神殿で仕える仕事を意味したことばですが、それが教会における様々な仕事や活動に用いられるようになりました。

奉仕は元来、キリストに対してなされるものです。主に仕えるための仕事です。それゆえ、教会には様々な務め、奉仕がありますが、それがいかに異なるものであったとしても、すべて同じ方、主イエス・キリストに仕えるためのものです。奉仕にはいろいろな種類がありますが、しかし主は同じ主なのです。

そして六節の「働き」とは、神の力によって作り出された効果を意味します。神が働かれたとき、その結果生み出されるものは多種多様です。神の働きは多様にわたり、その結果も多種多様ですが、神は同一の神なのです。

このようにパウロは、「賜物」「奉仕」「働き」がそれぞれ多様であることを明らかにしました。そしていずれも、同じ御霊、同じ主、同じ神に源をもちます。いずれも真の神に源をもつのです。

神は唯一ですが、神の霊の現れはきわめて多様です。コリント教会の一部の信徒たちが言っていたように、聖霊の現れは、異言のような特定の現象に限定される、ということはありません。特定の派手で目立つ現象こそが、聖霊の御業だということはありません。聖霊の御業は多様性をもつのであり、教会内の様々な働きにおいて見られるのです。

パウロは教会の多様性を強調しました。教会は多様な奉仕をもって、主に仕えるところです。主イエスはご自身のみこころを遂行するために、一人の人や特定の人々だけを召されるのではありません。また逆に、すべての人に同じことをするように命じておられるのでもありません。

主イエスは、ご自身の御業のために、様々の仕方で私たちを用いられます。それゆえ、私たちは異なる賜物を与えられています。各人はそれぞれ、主の御前に固有の義務が与えられています。

宗教改革者カルヴァンは言っています。

「だれでも、他人の務めのうちまでも愚かな干渉をするようなことをして、神が設けられた差別を混同するようなことがあってはならないからである。そこで、かれ〔パウロ〕は、各自がそれぞれにさずかった賜物をよろこびつつ、それを役立たせるように努力し、おのおのの義務を果すように、と求める。だれでも、愚かな思いにかられて自分の限界を逸脱するようなことがあってはならない、と命じる。要するに、かれのいましめるところは、各自が自分に与えられている分と、自分の到達している範囲と、自分が何に召されているかということを考えなければならない、というのである」（『カルヴァン 新約聖書註解Ⅷ コリント前書』田辺保訳、新教出版社、一九六〇年、二八六頁）。

神は様々な仕方で、多くの人を通して、ご自身の御業をなさる方です。ですから教会における奉仕は実に多様ですし、一人ひとりに与えられている賜物も多様です。与えられている賜物が違うわけですから、皆が同じ奉仕に召されているのではありません。目立つ奉仕と目立たない奉仕の違いはありますが、主の御前で何ら本質的な違いはありません。だれであっても、霊的な賜物の一部しか与えられていません。また逆に、だれであっても、霊的な賜物が与えられていない人はいません。

このように、教会には本質的に多様性がありますが、それが分裂の原因になってはいけません。パウロは賜物、奉仕、働きはいろいろあると言いながら、同時にそれらが同じ主に基づくことを強調しました。

私たちがこの主を見失って、賜物や奉仕の違いをお互いに比較し合えば、優越感や劣等感にとらわれ、対立が生まれるでしょう。ねたみが生じるでしょう。神を見失うならば、それは避けられないことです。

しかし、すべての賜物は同じ神から出たものです。同じ主からそれぞれに委託されたものです。主がそれぞれに賜物を与え、奉仕を与え、義務を与えておられます。

このことに関しては、ほかの人は関係がありません。私たちは根源的に、主の委託に対して、各自が主に対して誠実に生きるだけです。そしてそれぞれが、主に対して誠実であるならば、多様性の中に一致が生まれます。同じ主がそれぞれに賜物を与えられたのですから、それが不調和や混乱を招くことはありません。

教会に対立や混乱があるとしたら、それは一人ひとりが神の前にではなくて、人の前に生きるときです。神のことよりも、人のことが重要になるときです。そうなれば、人と自分を比較し、人のことが気になります。心が穏やかではいられなくなります。

けれども、私たちにまず求められているのは、一人ひとりが、主からの委託に対して、誠実に主にお応えすることです。その姿勢が貫かれていくとき、多様性の中に一致が生まれ、それが教会の豊かさになっていくのです。

一人ひとりの賜物は皆の益のため

こうして御霊の賜物の多様性を強調したパウロは、結論として七節でこう述べています。「皆の益となるために、一人ひとりに御霊の現れが与えられているのです。」御霊の賜物全体に共通する点がここに明らかにされています。第一は、一人ひとりに御霊の働きが現れるということ、第二は、それらはすべて「皆の益となるため」のものであるということです。

「一人ひとり」とあるように、一人も洩れなく御霊の賜物は与えられています。だれでも、何らかの賜物を神からいただいています。一つも賜物がないという人はいません。自分には与えられていて、ほかの人にはない場合もあれば、逆に、ほかの人にはあっても自分にはないというものもあります。そのすべてが神の賜物なのですから、私たちは高ぶったり、また卑屈になったりしてはなりません。

高ぶる人は、その賜物がただ恵みによって与えられたことを忘れています。また卑屈になって不満を抱いている人は、自分にないものばかりに目を留めて、与えられているものを見失っています。賜物は聖霊によって与えられたものです。ですからそれを人間のレベルに引き下げて考えてはいけません。確かに、教会でも各人の能力や役割の違いがあります。それが、ときに感情的な摩擦や対立の原因にもなるでしょう。しかしそれは、神の賜物を人間のレベルに引き下げて考えていることです。

パウロがこの手紙の四章で言ったように、私たちのもっているもので、いただかなかったものはありません。すべては神から与えられたものです。ならば、どうしてそのことで自らを誇ることができるでしょうか。どうしてそのことで、ほかの人を見下すことができるでしょうか。霊的な賜物はすべての人に与えられています。しかし、だれしもその一部をもっているにすぎません。ですから私たちはだれしも、互いの助けを必要としているのです。

パウロは「皆の益となるために、一人ひとりに御霊の現れが与えられている」と言いました。一人ひとりに与えられている御霊の賜物は、その人のために与えられているのではありません。賜物は、自分のために与えられたのではありません。自己追求や自己満足のために、自己実現のために与えられたのではありません。ただ他者の益のために与えられたのです。皆の益のために与えられたのです。

「皆の益となるため」というのは、決して、個々人は全体の中に埋没してしまうべきだということではありません。賜物が一人ひとりに個別に与えられ、固有の義務をもつのですから、個人は個人であり続けます。しかし、その一人ひとりが、その主によって与えられたものを本当に生かすときに、それが全体の益になります。皆の益になるということは、そこで信仰共同体が形成されていくということです。

教会共同体は、何を基盤として建て上げられていくのでしょうか。それは決して、単純に信仰告白によるのではなく、また牧師や役員によるのでもありません。すべての人に与えられている御霊の賜物が、主に仕えるために用いられるところで形成されます。賜物が与えられていない人はだれもいません。だれもが、他者の益のために生きる賜物をもっています。それが教会において生かされ、調和するときに、教会は建て上げられていくのです。

具体的な御霊の賜物とその評価

続く八節から一〇節には、賜物の多様性を示すために、具体的な霊の賜物が九つ列挙されています。これは御霊の賜物のすべてを網羅したリストではありません。たとえば、ローマ人への手紙一二章は、霊的な賜物として七つを挙げています（六〜八節）。それは、預言、奉仕、教えること、勧めること、分け与えること、指導、慈善です。さらにエペソ人への手紙四章では、霊的な賜物として四つが挙げられています（七〜一一節）。それはいずれもみことばの務めに関するもので、使徒、預言者、伝道者、牧師です。

このように他の手紙と比較しますと、コリント人への手紙だけが、御霊の賜物として奇跡的な賜物、また異言の賜物を取り上げていることが分かります。コリント教会は奇跡的な賜物や、異言の賜物などをことさらに強調する人たちがいたわけですが、初代教会のすべてがそうであったわけではありません。むしろ、それらはコリント教会に独特な現象であった可能性もあります。

パウロがここで取り上げた九つの霊的な賜物は、大きく三つに分けられます。

第一は八節の「知恵のことば」「知識のことば」です。これらは知的な賜物と言えます。

第二は九節から一〇節前半で、「信仰」「癒やしの賜物」「奇跡を行う力」「預言」「霊を見分ける力」です。これらは、神の力による御霊の賜物であって、ある程度、奇跡的な賜物です。

第三は一〇節後半で、「種々の異言」と「異言を解き明かす力」で、これらはコリント教会独特のものであった可能性があります。

第一の「知恵のことば」と「知識のことば」ですが、パウロはキリスト者がもっているすべての「知恵」と「知識」は、神の御霊から来たものだと考えていました。パウロはこの手紙の第二章で「私たちは、奥義のうちにある、隠された神の知恵を語るのであって、その知恵は、神が私たちの栄光のために、世界の始まる前から定めておられたものです」（七節）と宣べ、さらにこの知恵が御霊によって与えられたことを明らかにしています。

真の知恵と知識は、聖霊の賜物です。このような理性的また知的な賜物が、賜物のリストの第一に挙げられていることは、異言の賜物を強調していたコリント教会を意識しているからかもしれません。しかし他のリストと比較すれば、パウロがこのような真の知恵、真の知識を、霊的賜物として常に高く評価していたことが分かります。

第二の区分である「信仰」「癒やしの賜物」「奇跡を行う力」「預言」「霊を見分ける力」は、ある程度奇跡的な賜物を指しています。「信仰」とありますが、これは信じる者すべてに与えられている「信仰」ではなく、奇跡を生み出すような種類の信仰を指しています。「預言」は、啓示された神のことばを語る賜物のことですが、旧約聖書の預言者の位置に対応するのは新約聖書では使徒になります。しかし初代教会の時代には、使徒とは別に預言の賜物をもつ者たちがいました。

しかし旧約時代にも偽預言者がいたように、預言として語られることばが常に正しいわけではありません。その発言を判断することが、同時に必要でした。それゆえ「霊を見分ける力」という賜物をもつ人が与えられていたのです。

この第二区分にある五つの御霊の賜物は、聖書が完結する以前の特殊な時代に与えられていた賜物と言えるでしょう。こうした賜物はいずれも、神ご自身の力とみこころを現すものですが、聖書が完結してからは、通常、聖書を通してそれらを知ることが求められています。

第三の区分が「種々の異言」と「異言を解き明かす力」です。最初の異言は、使徒の働き二章のペンテコステの出来事ですが、そこでの異言は外国語で語られたものであって、外国人には理解できるものでした。しかし、異言には理解不能のものも多くありました。ことばを語っている当人も理解できなかったのです。

預言に本物と偽物があったように、異言にも本物と偽物がありました。また異言は、その意味が明らかにされなければ教会には何の益にもなりません。そこで聖霊は「異言を解き明かす力」を、ある人たちに与えられました。

異言はたとえそれが本物であったとしても、救済の歴史の特定の時代に与えられた賜物にすぎません。またおそらく、一部の地域の教会にしか与えられていませんでした。さらにこの賜物のリストでも最下位に置かれています。つまり、異言は重要視される御霊の賜物ではないのです。コリント教会の一部の信徒たちが言っていたように、異言を語ることが聖霊に満たされている証拠だ、ということはありません。

聖霊の賜物は多様であり、はるかに豊かなものです。特定の体験的な賜物に聖霊のしるしを求めることは、聖書の教えていることではありません。むしろ、「イエスは主です」と告白する、真の知恵のことば、信仰告白のことばにこそ、聖霊の確かなしるしを見出すことができるのです。

与えられた賜物によって教会を建てる

一一節が全体の結論と言えます。

「同じ一つの御霊がこれらすべてのことをなさるのであり、御霊は、みこころのままに、一人ひとりそれぞれに賜物を分け与えてくださるのです。」

パウロは聖霊の賜物を数え上げ、その多様性を明らかにしました。そのうえで「同じ一つの御霊がこれらすべてのことをなさる」と言います。つまり、賜物は多様でも、それを与えてくださるお方は一人なのです。

それが唯一の神ご自身です。そして、唯一の方が与えられたのですから、共通の目的があります。それゆえ、御霊の賜物には統一性があるのです。

もう一つの点は、「御霊は、みこころのままに、一人ひとりそれぞれに賜物を分け与えてくださる」ことです。賜物の分与は、主なる神の主体的な働きです。それは神による恩恵であって、人の求めによるのではありません。聖霊なる神は気まぐれではなく、十分な熟慮によって、一人ひとりに賜物を与えておられます。

私たち一人ひとりには、神のみこころによって多様な賜物が与えられています。だから私たちは、一人ひとり本当に異なるのです。そして、その多様性には目的があります。神はその多様性をもって、私たちを一つに結び合わせようとしておられます。

ですから、だれも「私は自分のものだけで十分であって、ほかの人の助けなど要《い》らない」と言うことはできません。私たちに賜物が与えられているのは、それを持ち寄って、互いを助けるためです。

それゆえ、私たち一人ひとりに与えられている賜物が生かされるときに、全体が健全に生きることになります。そこでこそ、賜物を与えてくださった神の臨在と栄光が現されます。

その意味で、私たちがそれぞれ聖霊の賜物を受けているのは、信仰共同体を建てるためだと言えるでしょう。それは自分のために与えられているのではありません。互いに補い合うためです。賜物を与えられた多くの人が集まって、そこで教会を建てるのです。

そのようにして建て上げられる教会こそ、イエス・キリストの教会です。

一人ひとりの賜物が生かされ、そして全体が健やかに成長する。そのような教会を建てることに、私たちは召されているのです。

53　一つのからだなる教会

〈Iコリント一二・一二〜一三〉

「ちょうど、からだが一つでも、多くの部分があり、からだの部分が多くても、一つのからだであるように、キリストもそれと同様です。私たちはみな、ユダヤ人もギリシア人も、奴隷も自由人も、一つの御霊によってバプテスマを受けて、一つのからだとなりました。そして、みな一つの御霊を飲んだのです。」

一つのからだの部分として生きる

四節から一一節で、パウロは主として霊的な賜物の多様性について語りました。続く一二節以下では多様性と同時に一致の問題が扱われます。キリスト者の共同体には、種々多様な霊的賜物がありますが、その相互関係がここでは述べられています。

ここでパウロはからだのたとえを用いています。一二節にはこうあります。

「ちょうど、からだが一つでも、多くの部分があり、からだの部分が多くても、一つのからだであるように」

全体と個人の関係を、人間のからだとその部分という有機体としてとらえることは、当時のギリシア思想の中でもしばしばなされたそうです。ストア派の哲学者の国家観は、各市民がその国家というからだの一部であるというものでした。パウロは、当時の哲学者の間で用いられていた考えを、教会に適用しました。個人と全体の関係を有機体としてとらえる考えを教会に適用し、教会は有機体だと主張したのです。

私たち自身のからだのことを考えてみれば分かりますが、一つのからだを作り上げるには、多くの異なった器官が必要です。各部分は、それぞれの役割をもち、他の部分とともに、全体のために働きます。それを教会に当てはめて考えれば、一人ひとりが異なること、それぞれが固有の賜物をもつことが、教会の一致に矛盾することはありません。一人ひとりは異なっていても、すべての人は同じ命に結びついているのであって、各部分はこの命から力を汲み出し、その命に向かって貢献するのです。

ですから、皆が何でも同じようにならなければならないという全体主義や画一化は、教会の採るべき道ではありません。一人ひとりの賜物の多様性、一人ひとりが異なるということは、どこまでも尊重されなければなりません。

しかしそれは決して、一人ひとりがバラバラであっても構わないということではありません。勝手気ままであってよいということではありません。徹底的に一人ひとりがばらばらの個人主義もまた、教会の採るべき道ではありません。

教会が有機体であることは、一人ひとりはその固有性を保ったままで、一つのからだを形成するということです。全体と部分が、全体と個人が、生きた統一体をなすのです。それが有機体です。そして、個人の賜物、固有性が殺されることによってではなく、それが生かされ発揮されることで、全体が生かされるのです。

一つのからだは、それぞれの部分が、その特性を発揮することによってのみ、健康に保たれます。からだの一部が働きをやめて機能しなくなれば、その部分だけの問題ではなく、からだ全体は健康を失います。

それゆえ、すべての部分がその固有の賜物を発揮するときに初めて、全体は健やかであり、生き生きすることができます。それが有機体としての教会のあり方なのです。

宗教改革者カルヴァンは言っています。

「ここで、かれ〔パウロ〕は、信者たちにすすめをし、それぞれの賜物を互いに分ち合い、互いに支え合うように、と言っている。神がおのおのにこのような賜物をさずけられたのは、各自がその賜物を自分ひとりで享受するためでなく、互いにそれによって助け合うためである」（『カルヴァン 新約聖書註解Ⅷ　コリント前書』二九〇頁）。

私たちは教会という有機体の一部です。そしてそれぞれに賜物が与えられています。それは自分のために与えられたのではありません。互いに分かち合い、支え合うためです。

自分が他の人と違うということには、主にある理由があるのです。

私たち一人ひとりの人生における経験は固有のものです。だれ一人、自分と同じ人生を生きてきた人はいません。そして神は、その私たちの経験の中で賜物を与え、またそれを開発してくださいました。人間的に考えればマイナスと思えることも、神はそれを用いてプラスにしてくださるお方です。罪や弱さをもつ一人ひとりが、にもかかわらず神に導かれて固有の経験をし、固有の賜物、個性を与えられています。この世においては、評価されないものであったとしても、神の御前には、意味のある固有性となっています。

私たちはそのような固有性をもつ「一つのからだの部分」です。自分の固有性が、必ず何らかの形で他の人のためになる。そういう賜物が、すべての人に与えられています。賜物は自分のためではなく、分かち合い、支え合うために与えられているのです。

教会はキリストのからだである

このようにパウロは、教会を有機体として論じました。しかし彼はそこにとどまりません。一二節の後半で「キリストもそれと同様です」と言います。つまりパウロは、教会は単にからだと部分から成る有機的存在であるだけでなく、それは「キリストのからだ」だと言っているのです。教会は単にからだに似ているのではありません。それを超えて「教会はキリストのからだである」と彼は言います。

　では、「教会はキリストのからだである」とは、どういう意味なのでしょうか。

　第一に、キリストこそが教会のかしらであるということです。教会における個々人は、単に有機体として結びついているのではありません。教会のかしら、教会の真の主はイエス・キリストです。イエス・キリストをかしらとする有機的統一体に各人は結びついています。教会はまさにイエス・キリストが働かれる場であり、生けるキリストは教会を通して働かれるのです。

「教会がキリストのからだである」ことの第二の意味は、キリスト者一人ひとりが、このキリストの内にある者にされていることです。教会は単なる人間の集まり、人間の組織ではありません。「教会はキリストのからだである」というのは、単なる比喩ではありません。

　私たち一人ひとりは、どうして教会に属する者とされたのでしょうか。聖霊なる神が、一人ひとりをイエス・キリストに結びつけてくださり、それを通して私たちは教会に加えられました。御霊の働きがなければ、教会が誕生することも、私たちが教会に加えられることもありませんでした。御霊によって私たちはキリストに結びつき、それによって教会に加えられました。キリスト者はみなキリストに結びついているのですから、まさに教会は、キリストのからだと言えます。そして一人ひとりは確かに、キリストの内にある者とされています。

第三に、それゆえキリストこそが、私たちすべてを一つにすることができるお方であられます。

私たちはそれぞれに全く違う人間です。固有性をもっている人間です。まさにバラバラな人間です。そうした者たちがここに集まっています。しかし、ただ一つだけ共通していることがあります。それは、私たちはいずれも、イエス・キリストに結びついているということです。そしてイエス・キリストに結びついているがゆえに、相互に調和し、一致することができるのです。

イエス・キリスト以外のものによる一致は、教会の一致ではありません。相互の違いというものが、何か別の基準で測られ、何か強制的な力によってその違いが除去されるということがあってはなりません。それは本当の一致ではありません。むしろ教会においては、相互の違いが、キリストを中心とする交わりの中で受けとめられることが大切です。そしてその固有性が生かされることが大切です。

そこで生まれる一致が、教会における一致と言えるでしょう。画一的な一致、人工的な一致ではなく、本当の豊かな一致が教会の一致なのです。

「教会はキリストのからだである」の第四の意味は、私たちは互いにキリストのからだの一部であることです。私たちは互いに、一つの有機体の単なる一部なのではありません。

それ以上のものです。私たちはいずれも、キリストのからだの一部なのです。それほどに、一人ひとりはかけがえのない存在です。

私たちはまず自分のことを、キリストのからだの欠くことのできない一部であると認めるべきです。その時に初めて、ほかの人のことも「キリストのからだの欠くことのできない一部である」と認めることができます。

この世の組織においては、通常、組織の構成員には、何らかの役割や機能が求められます。何らかの役割や機能を果たすことが、組織の構成員であることの意味であり、それを果たせなければ意味を失ってしまいます。その場合、組織は、その目的遂行のために、その人に代わって必要な役割を果たす人を求めるでしょう。代わりが利くわけです。

しかし教会はそうではありません。教会がキリストのからだであるということは、その構成員は、単に何らかの機能や役割が求められているのではないということです。役割が果たせるから集められているのではありません。一人ひとりはキリストの体の一部なのです。かけがえのない存在なのです。求められているのは、何よりもキリストのからだとされている「その人自身」です。代わりが利かないのです。

この世においては、機能や役割によって、人間の存在価値が測られるかもしれません。しかし教会はそうではありません。一人ひとりが、キリストのからだの一部である。それゆえ、一人ひとりの存在が尊いのです。それが「教会はキリストのからだである」ことの重要な意味です。

教会の一致の根拠

こうしてパウロは、教会は一つのからだ、それもキリストのからだであると語りました。では、その根拠はどこにあるのでしょうか。なぜ教会は一つのからだ、キリストのからだであると言えるのでしょうか。パウロは一三節でこう述べています。

「私たちはみな、ユダヤ人もギリシア人も、奴隷も自由人も、一つの御霊によってバプテスマを受けて、一つのからだとなりました。そして、みな一つの御霊を飲んだのです。」

教会が一つのからだである理由は、教会に集う者たちはいずれも、一つの御霊によって洗礼を受けたことです。洗礼を通して、教会は一つのからだとなったのです。

ガラテヤ人への手紙三章には「キリストにつくバプテスマを受けたあなたがた」(二七節)とあり、ローマ人への手紙六章には「キリスト・イエスにつくバプテスマを受けた私たち」(三節)とあります。すなわち、洗礼とは何よりも、私たちをキリストに結び合わせるものなのです。キリストとの結合を保証するのが、洗礼の恵みの中心であると言ってよいでしょう。

ですから、洗礼は決して個人の出来事ではありません。それは教会の出来事でもあります。洗礼は単に個人の救いを保証する出来事ではなく、キリストのからだなる教会の一部とされる出来事なのです。

そして一つのからだとされるということは、民族的な違いや社会的立場の違いを克服することでもあります。パウロはここで「ユダヤ人もギリシア人も、奴隷も自由人も、一つの御霊によってバプテスマを受けて、一つのからだとなりました」と述べています。

ユダヤ人とギリシア人、また奴隷と自由人が一つになるというのは、当時からすれば本当に大変なことでした。ユダヤ人は、自分たちだけを神に選ばれた選民と考えて、他の人々を蔑んでいました。異邦人とは、通常、一緒に食事をすることもありませんでした。またギリシア人のほうも、独自の文化を誇っていました。その両者が一つになるというのは、当時の社会の中ではあり得ないことでした。また奴隷と自由人はまったく正反対の立場です。

こうした、民族や文化、身分や地位によって人間と人間の間には厚い壁がありました。今日の私たちが想像することができないほどの壁がありました。しかし、その人間と人間の間にある壁を、キリストは取り除かれたのです。教会の中で、兄弟姉妹として一つになる。一つのからだとなるとは、そういうことです。地上のいかなる力によっても克服できなかった対立を、聖霊なる神は廃棄されたのです。

とすれば私たちは、人間的な様々な違いによって、教会共同体を分裂させてはいけません。当時、ユダヤ人とギリシア人が、そして奴隷と自由人が一つとなって共同体を形成していたことは、常識に反することでした。しかし教会はそれを行っていました。

この世には存在しないような、ある意味常識を超えた一致を目指していくのが、教会共同体の使命だと言えます。この世では決して同じ集団を形成することのないような者たちが、教会では一つとなって共同体を形成していくのです。

そのようなある意味徹底した多様性と一致こそ、キリストのからだなる教会のしると言えるでしょう。私たちはそのような教会を目指していくのです。

一つの御霊を飲んだ者たち

一三節の最後で、パウロは印象深い表現をしています。それは「みな一つの御霊を飲んだのです」という部分です。

アウグスティヌス以来、宗教改革者たちも、この部分は聖餐の礼典にあずかることと解してきました。しかしそれにはやはり無理があります。ここの「飲む」という動詞は、過去の一回的な出来事を表す時制ですから、それを繰り返しなされる聖餐式に当てはめることには無理があります。

洗礼のことと考えることは可能ですが、むしろここは、聖霊が一人ひとりの内に入り、その人を新しく生まれさせてくださった出来事と考えるのが妥当だと思われます。神のことを知らなかった人が、心開かれて、イエス・キリストを救い主と信じるようになるのは、ただ聖霊なる神が内に働いてくださったことによります。そのときに働かれた御霊の業のことが、ここで言われているのでしょう。

その意味で、キリスト者はすべて「一つの御霊を飲んだ」人たちです。キリスト者は一つ御霊を飲むものとされた者たちです。

では、内に入られた御霊は何をなさったのでしょうか。頑なな石の心を取り去って、柔らかい肉の心を与えてくださいました。私たちを自分自身から解き放って、キリストを信じ、受け入れるようにしてくださいました。そして一つのからだに結び合わせてくださいました。

それゆえ、教会が一つのからだとして生きるためには、一人ひとりが御霊によって、肉の心を与えられることが必要です。頑なな心から解き放たれ、何より自分自身から解き放たれることが必要です。そして一人ひとりが柔らかい心を与えられて、キリストに従う者とされるとき、そこで初めて、違いの中での一致が生まれてきます。

教会の一致は、外面的な一致、形式的な一致ではありません。外側からの強制による一致は、教会の一致ではありません。御霊によって一人ひとりが生かされるときに生まれる一致こそ、本当の一致です。主イエスは、私たちが本当の意味での一致を実現できるように、御霊を送られたのです。聖霊なる神こそが、私たちを本当の意味で一つにすることができるお方なのです。

教会を通して証しされるキリスト

教会はキリストのからだである。これは私たちにとって、大いなる慰めであり、またチャレンジでもあります。主イエスは、ご自身のことを、ご自身のからだなる教会によって知られることを望んでおられます。教会を通して、ご自身のことが証しされることを望んでおられます。

ですから、からだの一部が切り離されれば、キリストの栄光が損なわれることになります。また一致が失われれば、キリストが証しされなくなります。

教会を通してキリストが証しされる。それが教会に託されている使命です。そのために必要なのは、私たち一人ひとりが、キリストのからだの一部として生きることにほかなりません。私たちは、からだの一部としてしか、本当の意味では生きられないのです。

主イエスは、「わたしはぶどうの木、あなたがたは枝です」と言われ、「わたしを離れては、あなたがたは何もすることができない」（ヨハネ一五・五）と語られました。私たちは、キリストに繋がってこそ実を結ぶ枝です。キリストを離れたら、実は結べません。

そして、教会がキリストのからだであることは、キリストに結びつくことと教会に結びつくことには密接な関係があることを意味します。教会を離れては、やはり実を結ぶことはできません。

教会は単なる人の集まりではありません。今も生きて働いておられるキリストの現臨が、教会において示されます。教会を通して、キリストはご自身を証しされます。私たちは、そのような教会を形成するように召されているのです。

54　互いに配慮し合う教会

〈Ⅰコリント一二・一四〜二六〉

「実際、からだはただ一つの部分からではなく、多くの部分から成っています。たとえ足が『私は手ではないから、からだに属さない』と言ったとしても、それで、からだに属さなくなるわけではありません。たとえ耳が『私は目ではないから、からだに属さない』と言ったとしても、それで、からだに属さなくなるわけではありません。もし、からだ全体が目であったら、どこで聞くのでしょうか。もし、からだ全体が耳であったら、どこでにおいを嗅ぐのでしょうか。しかし実際、神はみこころにしたがって、からだの中にそれぞれの部分を備えてくださいました。もし全体がただ一つの部分だとしたら、からだはどこにあるのでしょうか。しかし実際、部分は多くあり、からだは一つなのです。目が手に向かって『あなたはいらない』と言うことはできないし、頭が足に向かって『あなたがたはいらない』と言うこともできません。それどころか、からだの中でほかより弱く見える部分が、かえってなくてはならないのです。また私たちは、からだの中で見栄えがほかより劣っていると思う部分を、見栄えをよくするものでおおいます。こうして、見苦しい部分はもっと良い格好になりますが、格好の良い部分はその必要がありません。神は、劣ったところには、見栄えをよくするものを与えて、からだを組み合わせられました。それは、からだの中に分裂がなく、各部分が互いのために、同じように配慮し合うためです。一つの部分が苦しめば、すべての部分がともに苦しみ、一つの部分が尊ばれれば、すべての部分がともに喜ぶのです。」

からだは多くの部分から成り立っている

パウロは、御霊の賜物の多様性と一致について述べ、そこから教会論を展開しました。彼は、教会は一つのからだであると言います。さらに、教会はキリストのからだであると述べたのです。

一四節以下は、この教会は一つのからだであるという主張をさらに展開している部分です。教会が一つのからだであるとは、いったい何を意味しているのでしょうか。そのことが、人間のからだを比喩として豊かに展開されています。一四節にこうあります。

「実際、からだはただ一つの部分からではなく、多くの部分から成っています。」

私たちはそれぞれ一つのからだをもっています。そしてそのからだは、多くの部分をもっています。教会もそれと同じです。教会は一つのからだですが、同時に多くの部分をもっています。すなわち、教会の一人ひとりには異なった賜物が与えられています。ですから、だれもが同じ賜物を持たなければならない、などと考えてはなりません。また互いに比較して、ほかの人に与えられている賜物を自分も手に入れたいなどと考える必要はありません。

牧師として、私がいつも願っていることは、教会が一つのからだとして健やかであること、そして健やかに成長することです。しかしこの世にある教会は、常にその健やかさが脅かされていると言えるでしょう。健やかさを脅かす原因はたくさんありますが、賜物との関連で言えば、二つの要因が挙げられます。

第一は、賜物の問題で劣等感を感じたり、意気消沈してしまったりする人がいることです。パウロは一五節、一六節でこう言っています。

「たとえ足が『私は手ではないから、からだに属さない』と言ったとしても、それで、からだに属さなくなるわけではありません。たとえ耳が『私は目ではないから、からだに属さない』と言ったとしても、それで、からだに属さなくなるわけではありません。」

コリント教会には、特定の霊的賜物をもつ者たちが、それを誇りとしていました。そのため、その賜物をもたない人たちの中には、劣等感をもち、自分たちのことを教会で無価値な者、いてもいなくてもどちらでもよい者のように考える人たちがいました。

特定の賜物をもたない人は、落胆していました。しかしパウロは、そうした人たちを励まします。からだには手も足も必要であり、目も耳も必要です。足が「私は手ではないから、からだに属さない」などと言う必要はありません。耳が「私は目ではないから、からだに属さない」と言うことは、真におかしなことです。

確かに、足は手の立場に代わることはできませんし、耳は目の立場に代わることはできません。それぞれに違うのです。しかしいずれも一つからだの部分です。

同じように教会にも、賜物の違い、立場の違い、役割の違いがあります。その違いを認めることが大切です。その違いを認められないと、いつもほかの人と自分を比較して、劣等感やねたみをもつことになります。そうした感情が、何か良いものを生み出すことは決してありません。

人間のからだは、それぞれの器官が固有の役割を担うものとして造られています。ですから、異なることには意味があります。パウロは一七節、一八節でこう述べています。

「もし、からだ全体が目であったら、どこで聞くのでしょうか。もし、からだ全体が耳であったら、どこでにおいを嗅ぐのでしょうか。しかし実際、神はみこころにしたがって、からだの中にそれぞれの部分を備えてくださいました。」

からだの器官はいずれも他の器官の機能を果たすことはできません。目は決して耳の機能を果たせませんし、耳は決して鼻の機能を果たせません。目しか見ることはできないし、耳しか聞くことはできません。ですから、目も、耳も、鼻も、それぞれが必要です。異なっているそれぞれが、異なったままのそれぞれが必要です。そのことが教会にも当てはまります。

パウロは一八節で、「神はみこころにしたがって、からだの中にそれぞれの部分を備えてくださいました」と述べました。

教会に集まっている一人ひとりが異なる賜物をもつのは、神のご意志によります。私たちがそれぞれに異なる賜物をもっていること、個性をもっていることは何かの偶然ではありません。それは神のみこころによります。神はそれぞれを異なったものとしてお造りになり、それを一つのからだとして結び合わされたのです。それゆえ私たちが、何か人間の尺度で、人を測り、優劣を決めるのは、人間の思い上がりと言わなければなりません。私たちがそれぞれに異なっているのは、神のご意志によります。そして異なっていなければ、一つのからだとして機能しないのです。

コリント教会で起こっていたように、特定の賜物だけを高く評価するということがあってはなりません。教会は多様な御霊の賜物から成っているのであり、それは神が定められたことです。それゆえそれぞれには、全体が機能するための「それ自身特有の役割」があると言えます。人の賜物をうらやんだり、欲しがったり、劣等感を感じたり、ねたんだりすべきではありません。

一人ひとりそれぞれに、神が与えられたものがあるのです。ですから感謝をもって自分を受け入れ、神が与えられた賜物が何であれ、それを受け入れて、全体の益のために用いるべきです。

私たち一人ひとりは、キリストのからだの欠くことのできない部分です。その自覚が大切です。自分などいなくてもよい、必要ないなどと勝手に考えてはなりません。そして一人ひとりは、キリストによって召されて、この教会に導かれたのです。ということは、キリストから、この教会に必要な者だと認められて、教会に属していると言えます。教会においては、何か役割を担っている人だけが重要なのではありません。もちろん、牧師や役員の務めは重いのですが、だからといって、そうした人たちが教会で特別に重要であるというわけではありません。

私たちは、何らかの役割を果たすことで初めて、教会に属しているのではありません。私たちはみな、キリストに召されて、教会に属する者とされました。イエス・キリストが一人ひとりのことを必要として、この教会の中に置いてくださったのです。

一九節、二〇節は、これまでの部分のまとめのことばです。

「もし全体がただ一つの部分だとしたら、からだはどこにあるのでしょうか。しかし実際、部分は多くあり、からだは一つなのです。」

パウロは、自分の価値を認められない人に、考え方の転換を求めました。一人ひとりが異なることは大切なことです。そうでなければ、一つのからだは形成されません。また一人ひとりが異なることは、神のみこころによることです。

それゆえ私たちは、ほかの人にどんな賜物があるかとか、またほかの人が何をしているかというようなことに、必要以上に心を奪われてはなりません。むしろ、神が自分にどんな賜物を与えてくださったかに心を留め、ただ神が求めておられる自分自身になることが必要です。それだけが求められていると言ってもよいでしょう。

そして同時に、ほかの人を自分の尺度で測り、自分と同じようになることを要求するのではなく、神がその人に求めておられるその人自身として生きられるように、配慮する必要があります。

神は一人ひとりを異なる者として創造されました。一人ひとりには、固有の賜物と神のご計画があります。それをいつも忘れてはいけません。

ほかより弱く見える部分がかえって必要である

教会の健やかさを脅かす原因として、パウロは劣等感や意気消沈ということを第一に取り上げました。もう一つの原因が二一節以下で取り上げられます。それは、思い上がりと高慢です。劣等感や意気消沈は、賜物がないと感じている人が陥ってしまう傾向ですが、思い上がりと高慢は、それとは逆に、目立つ賜物をもつ人たちが陥る傾向だと言えるでしょう。二一節にこうあります。

「目が手に向かって『あなたはいらない』と言うことはできないし、頭が足に向かって『あなたがたはいらない』と言うこともできません。」

コリント教会の中では、目立つ賜物をもっていた人たちが、賜物の少ない者たちを見下す傾向がありました。そして、賜物の少ない者たちなど教会に必要ないと言わんばかりの思いをもっていました。

しかしパウロは、からだの比喩を用いて、その考えがいかに理不尽かを明らかにしています。目が手に向かって「あなたはいらない」とは言えません。また頭が足に向かって「あなたがたはいらない」とも言えません。目が手を蔑むことはできず、頭が足を蔑むこともできません。なぜなら、たとえ目や頭があっても、手や足がなければ、結局何も動かせないからです。からだの器官はすべて必要なのです。

教会もまた同じです。教会の中で、人を蔑むことがあってはなりません。「あんな人いなければよいのに」と考えてはなりません。私たちはしばしば、そのようなことを心に思うのではないでしょうか。「あんな人いても何の役にも立たない」とか「あの人がいなければ、教会生活はもっと平安なのに」と思うことがあるのではないでしょうか。

しかし目が手に向かって「あなたはいらない」とは言えないのです。自分には賜物が与えられており、それで真っ当な信仰生活を送っていると考えるとき、いつのまにか高慢になるのです。

そして人は高慢になったとき、自分が本当は多くのほかの人たちに支えられていること、ほかのからだの部分に支えられていることを忘れています。自分ひとりで立っていると思うとき、それは妄想にすぎません。仮にどんなに豊かな賜物が与えられている人であっても、ほかの人の助けに支えられて、生き働いているにすぎません。支えや交わりなしに、私たちはだれ一人生きることはできないのです。

教会には、ご高齢の方も幼い子どもたちも、肉体の病を負う者も心の病を負う者も、また障がいをもつ者もいます。私はこれこそが教会の祝福だと思います。

確かに、弱い方々はいわゆる教会の奉仕はできないでしょう。しかし、私たちはそうした方々の存在によって、本当に大きな励ましや慰めを受けています。また今は奉仕ができている者も、いずれできない時が来ます。そうなったら「あなたはいらない」と言われるのでしょうか。そうではありません。どこまでも、キリストのからだの部分として、尊い存在であり続けるのです。

それゆえパウロは二二節で、はっきりとこう言います。

「それどころか、からだの中でほかより弱く見える部分が、かえってなくてはならないのです。」

パウロは弱い人の存在の必要性を、からだの比喩を用いて語りました。からだの中で、ほかよりも弱く見える部分がかえって必要なように、教会でも弱い人こそがなくてはならない人たちなのです。

この世では、その人の果たすことができる機能で評価されます。能力や実力で評価されます。しかし神の評価はそうではありません。からだのすべての部分が必要不可欠であるように、一人ひとりには固有の価値があります。

それゆえこう言うこともできます。私たちの中には、与えるだけの人は一人もいないし、受けるだけの人も一人もいない、と。すべての者が与える者であり、受ける者です。弱いと思える人たちもまた同じです。彼らは決して、受けるだけの人ではありません。

高齢になり、病を得れば、だれも奉仕はできないでしょう。しかしそのような方々が熱心に礼拝に集っておられることで、どれほど多くの励ましと益が与えられているか分かりません。また、礼拝に集うことさえできない方々も含めて、そうした方々が教会に繋がっていること、祈りの交わりの中にあることによって、どれほど教会が豊かにされているか分かりません。

主イエス・キリストは、病人や弱っている人たちを招かれました。また、幼い子どもたちを招かれました。それが教会の原点です。

神の豊かさと力は、弱い人たちを召されることによって、まず明らかにされました。教会は主イエスに従って、特に弱い者に配慮する群れである必要があるのです。

一つの部分が苦しめば、すべての部分がともに苦しむ

続く二三節は、翻訳の上で少し論争のある部分です。新改訳聖書は「見栄えがほかより劣っていると思う部分を、見栄えをよくするものでおおいます」と、外面的なおおいのことに解していますが、そうではない訳し方も可能です。直訳しますと、こうなります。

「私たちは、からだの無価値と思えるところに、価値を与える。格好が悪いと思えるものが、実は良い姿をもっている。」

二二節で、弱く見える部分がかえって必要だとパウロは言いました。それゆえ、無価値と思えるところに価値を与えるのです。

さらに、一見格好が悪いと思えるものこそ、本当は良い姿をもっている。つまり、外見による評価が悪くても、実はそのような人たちこそ立派な存在なのだと言っているのです。

そして二四節の後半でパウロはこう言います。

「神は、劣ったところには、見栄えをよくするものを与えて、からだを組み合わせられました。」

ここも直訳すると、こうなります。

「神は、劣っている部分に価値を与えて、からだを一体化させた。」

新改訳で「組み合わせられた」と訳されていることばは、「混ぜる」「混ぜ合わせる」という動詞です。ちょうど、料理で香辛料を入れるとき、それが全体に満遍なく行きわたるように混ぜ合わせるのと同じです。全体が一つに融合するように混ぜ合わせる。そのようにして一体化させるのです。それが神の教会だとパウロは言います。教会のすべての人たちは、分離しないように混ぜ合わされて一体化されているのです。

教会の中には確かに強い者もいれば弱い者もいます。目立つ賜物をもつ人もいれば、そうでない人もいます。知識に強い人もいれば、あまりなじめない人もいるでしょう。たましいの救いに強い熱意をもつ人もいれば、そうでない人もいるでしょう。感性が豊かな人もいれば、そうでない人もいるでしょう。

違う性質の者たちが共に生きることは、楽なことではありません。摩擦も起こりますし、苛立ちも起こります。しかし私たちが知らなくてはならないのは、教会はどんな人でも生きることができる場であるということです。キリストがその人を招かれたのです。ある種の人たちが、生きる場をもてないとしたら、それは教会の問題と言えるでしょう。

小さな者も大きな者も、病んでいる者も健康な者も、幼い者も年老いた者も、神は一つのからだに、一体化させられました。ですから私たちは、互いにいたわり合い、かばい合う必要があるのです。

二五節でパウロは、「それは、からだの中に分裂がなく、各部分が互いのために、同じように配慮し合うためです」と言っています。神がからだを一体化させられたのは、からだの分裂が起こらず、各部分が互いに配慮し合うためです。

神は教会というからだを、相互に依存するものとして造られました。ですから、相互の違いが分裂の原因になってはなりません。多様性は神のみこころです。そして多様性の中での一致が、神の望んでおられることです。そのために私たちは、お互いに配慮する必要があるのです。

弱い者たちにしかできないことがあり、賜物の大きな者たちにしかできないこともあります。一人ひとりに、その人にしかできないことがある。私たちはいずれも、そのようなからだの部分とされているのです。

そのように、一つのからだとされた教会の姿を、パウロは二六節でこう描いています。「一つの部分が苦しめば、すべての部分がともに苦しみ、一つの部分が尊ばれれば、すべての部分がともに喜ぶのです。」

自分のからだの一器官の痛みは、からだ全体の痛みです。私たちは決して「手だけが痛がっている」とは言いません。からだの一部だけが痛がっているけれども、ほかの部分は安らかということはありません。一部に痛みがあれば、からだ全体も巻き込まれます。逆に、一部が尊ばれれば、全体が共に喜ぶのです。

これが健やかな教会の姿だと言えます。「私などいないほうがよい。無価値だ」という思いや、「あの人などいなければよいのに」という思いが、人の心に温存されているならば、そうした教会は決して健やかだとは言えません。

教会は、何か目標を達成するための機能集団ではありません。教会はキリストに結ばれた者の群れです。そして、神によって一体化された集まりです。

一つにしてくださったのは、聖霊なる神です。それゆえ私たちは、神が始められた業を、肉の業によって追求してはなりません。どこまでも神に信頼して、群れを形づくっていくことが必要です。その時こそ、共に苦しみ、共に喜ぶ、そのようないのちある生きた教会が形づくられていくのです。

55　教会における様々な御霊の賜物

〈Ｉコリント一二・二七〜三一前半〉

「あなたがたはキリストのからだであって、一人ひとりはその部分です。神は教会の中に、第一に使徒たち、第二に預言者たち、第三に教師たち、そして力あるわざ、そして癒やしの賜物、援助、管理、種々の異言を備えてくださいました。皆が使徒でしょうか。皆が預言者でしょうか。皆が教師でしょうか。すべてが力あるわざでしょうか。皆が癒やしの賜物を持っているでしょうか。皆が異言を語るでしょうか。皆がその解き明かしをするでしょうか。あなたがたは、よりすぐれた賜物を熱心に求めなさい。」

あなたがたはキリストのからだの部分である

一二章のこれまで議論のまとめが二七節のみことばです。

「あなたがたはキリストのからだであって、一人ひとりはその部分です。」

「あなたがた」の部分が強調されています。つまり、コリントの信徒たち一人ひとりが、キリストのからだに属しています。だれも除外されません。すべての人がキリストの一つのからだに属しており、有機的に結びついています。

それゆえ、だれも自分のことで劣等感をもって意気消沈する必要はありません。パウロが一五節、一六節で語ったように、手の働きができないからといって、足がからだの一部でなくなるわけではありません。目の働きができないからといって、耳がからだの一部でなくなるわけではありません。それぞれにはそれぞれに役割があるのであって、劣等感をもつ必要はないのです。

コリント教会の状況に即して言えば、異言を語れないことで劣等感をもつ必要など全くありませんでした。異なっているそれぞれが、一つのからだの部分とされているのであり、異なっているそれぞれが尊い存在なのです。

また、キリストの一つのからだにされているということは、民族や地位といった、この世的な相違を乗り越えて一つにされていることを意味しています。当時の状況においては、ユダヤ人とギリシア人の間には決定的な亀裂があり、奴隷と自由人の間には抜きがたい身分の違いがありました。しかし教会は、そのようなこの世における亀裂や相違を乗り越えているところです。

この世における相違を乗り越えて一つとされているところ、それが教会です。つまり、神の御前に一人ひとりは等しい尊厳と価値をもっています。私たちは一つのからだとされているのであり、一つのからだとして、神のまなざしの下に置かれています。そして一つであるがゆえに、個人主義的な勝手な行動に走ってはなりません。パウロは七節で「皆の益となるために、一人ひとりに御霊の現れが与えられているのです」と述べました。一人ひとりが一つのからだとされているがゆえに、そのからだ全体の益のために働く必要があるのです。

けれども、「からだ全体の益のために働く」というのは、決して、個性を殺して生きるということではありません。パウロは、「あなたがたはキリストのからだです」と述べると同時に、「一人ひとりはその部分です」と言いました。一つのからだの中に、各部分があります。全体の中に個の多様性があります。同じからだに属しているとは、多様性が認められないことではありません。むしろ私たちの人体がそうであるように、一つのからだでありつつ、各部はそれぞれに異なっており、固有の役割があるのです。

一人ひとりの違いが、教会の本当の豊かさとなります。異なった賜物をもった者たちが、キリストのからだとして一致していく。そこで、キリストのからだなる教会が証しされていくのです。

教会における神のことばの優先性

二八節からパウロは再び、御霊の賜物の議論に戻ります。「神は教会の中に、第一に使徒たち、第二に預言者たち、第三に教師たち、そして力あるわざ、そして癒やしの賜物、援助、管理、種々の異言を備えてくださいました。」

ここには八つの職務や賜物が挙げられていますが、すべての職務・賜物が列挙されているのではありません。つまり、御霊の賜物はこれがすべてではありません。

また、ここに挙げられている職務や賜物の中には、現代の教会にはもはや見られないものもあります。「使徒」と「預言者」は、現在は存在しない職務です。新約聖書が完結していない時代においては、一時的な特別職としてこれらの職務がありました。しかし聖書が完結した後は、聖書によって神のみこころを知らされるようになりましたので、こうした働きは終了しました。

また力あるわざや、癒やしの賜物、異言などのいわゆる超自然的賜物もこの時代特有のものです。なぜならこれらは、神の啓示を指し示す「見えるしるし」だったからです。しかし神の啓示が聖書として完結した今は、基本的にその役割を終えました。現在でもそうした現象がないわけではありませんが、担っている霊的意味は異なっていると言えます。

最初の三つの職務が第一グループを形成しています。これらは、教会を指導する三つの職務です。

第一は使徒です。教会を創りあげる宣教の御業は、イエス・キリストの復活の証人である使徒から始まりました。それゆえ彼らこそが、霊の賜物を担う第一位の人々であり、彼らの背後には、主の召しによる力と権威がありました。彼らこそ、主イエス・キリストの復活の証人であり、キリストの代理人として教会の土台を築いた人々です。そして先ほども述べたように、使徒というのは、教会の基礎を据える一時的な特別の働き人でした。

第二は預言者です。神のことばを預かって語るのが預言者の務めです。旧約時代だけではなく、最初の教会時代にも、預言者と呼ばれる人々が存在しました。たとえば、使徒の働き一三章一節にはこうあります。

「さて、アンティオキアには、そこにある教会に、バルナバ、ニゲルと呼ばれるシメオン、クレネ人ルキオ、領主ヘロデの乳兄弟マナエン、サウロなどの預言者や教師がいた。」同じく一五章三二節には「ユダもシラスも預言者であった」とあり、預言者という存在が初代の教会の中で、ある地位をもっていたことが確認できます。

彼らは神のみこころを宣べ伝え、そのための特別な知恵と分別を与えられた人たちでした。そしてこの務めも、使徒と同様、一時的で特別なものでした。

第三が教師です。この職務は、福音を伝え教えることです。神の戒めと信仰を教える務めであり、今日の牧師の働きだと言えます。カルヴァンも、「教師の任務は、信仰の純粋性を教会内においていつまでも維持して行くために、健全な教えを守り・それをひろめて行くことにある」と述べています（『カルヴァン　新約聖書註解Ⅷ　コリント前書』二九八頁）。

以上の三つが御霊の賜物として最初に数え上げられています。力あるわざや癒やしや異言の前にこれらが置かれていることが大切です。この三つはいずれも、神のことばに仕える務めです。福音宣教に奉仕し、神のことばの担い手である点が共通しています。

つまり、それらが最初に数え上げられていることは、神のことばが教会において第一の地位を占めなければならないことを示しています。コリントの信徒たちは、異言という目に見える派手な賜物に心惹かれていました。またおそらく初代教会でも、奇跡や癒やしといった賜物に、人々は心を奪われがちであったのでしょう。

今日でも、奇跡などの超自然的現象を強調する教会がありますが、そこではどうしても、神のことばよりも、そうした現象に人々は心惹かれてしまいます。みことばに基礎を置く信仰ではなく、霊的な体験を求め、そこに信仰の確かさを求める傾向が生まれます。

しかしパウロはそういう教会の現状を念頭に、神のことばの優先性をはっきりと示しました。使徒、預言者、教師の三者は、いずれも神のことば、福音を語る人たちです。そして何を信じたらよいのか、信じた者はどう生きたらよいのかを教えました。信じる内容と、信じた者の生き方を教えました。そうして、正しく信じる人々が起こされていったのです。そしてこのように、神のことばが優先されるところでこそ、教会はキリストの支配するものとなります。

パウロは、教会はキリストのからだであると信じていました。それゆえ、何よりも教会において、キリストの支配が貫徹されなければなりません。ではどのようにして、教会はキリストによって正しく支配されるのでしょうか。それは、神のことばが第一とされることによります。

それゆえ、教会にとって何より大切なのは、神のことばが正しく解き明かされ、それが直《なお》く聴かれることです。牧師はそれを第一の務めとしなければなりません。そして、長老は、牧師が正しくみことばを語っているかをチェックし、さらに、会衆が本当にみことばを聴いて、その実を実らせているかを見守る必要があります。そして会衆の一人ひとりは、講壇から語られるみことばに聴き従うと同時に、牧師や長老がみことばの務めを忠実に果たしているかを見守ります。

みことばの正しい解き明かしと傾聴、そしてみことばの教育があるところに、キリストのからだなる教会があります。教会における神のことばの優先性は、いかなる時代でも変わってはなりません。

賜物の多様性が教会の豊かさ

「力あるわざ」以下が第二グループです。この第二グループの賜物のリストから、二つのことを特徴として挙げることができます。

第一は、「力あるわざ」や「癒やしの賜物」のような、特別な霊的な力だけでなく、「援助」や「管理」が御霊の賜物に数え上げられていることです。「援助」とは、困っている人を助けること、貧しい人や病人の世話をすることです。教会による執事的務めと言ってよいでしょう。

また「管理」とは、直訳は「船の舵取り」のことですが、組織体における管理の仕事のことです。教会の長老の務めのことだと言ってよいでしょう。

教会では、長老や執事などの役員が立てられ、教会の事務的なこと、会計的なこと、そして牧会的なことが担われています。これらがそれぞれに会議をもち、奉仕を分担して、務めを果たしています。

こうした組織的な働きというものが、時に「霊的でない」「この世的な働きだ」と見られる場合があります。聖霊の働きはもっと自由であるべきであり、組織によってそれを抑えるのは正しくないのではないか、と言われる場合もあります。もちろん、教会の組織が官僚制的な弊害に陥ってはなりません。けれども、こうした組織的な奉仕自体が「霊的でない」わけでは決してありません。

パウロは、この「援助」や「管理」を御霊の賜物として数え上げました。つまり、困っている人を助けたり、また教会の組織を整えたりすることは、決して霊的でない、というわけではありません。むしろ、それらは御霊の賜物であり、賜物が備えられてこそできる働きにほかならないのです。

第二グループの第二の特徴は、異言が賜物の最後に数え上げられていることです。コリント教会の人々が高く評価していた賜物が異言でした。しかしパウロはそれを最下位に位置づけています。

異言が御霊の賜物であることは確かですが、それは多くの賜物の一つにすぎず、さらに他の賜物と比較すれば最後に数えられるものにほかなりません。異言は決して、他者に益を与えたり、教会を建て上げたりする賜物ではありません。それゆえ、パウロは最下位の評価しか与えませんでした。

コリントの信徒たちは、競って異言の賜物を追い求めていました。だれもが同じ賜物、とりわけ異言の賜物を求めていました。その愚かさを、パウロは二九節、三〇節で指摘しています。

「皆が使徒でしょうか。皆が預言者でしょうか。皆が教師でしょうか。すべてが力あるわざでしょうか。皆が癒やしの賜物を持っているでしょうか。皆が異言を語るでしょうか。皆がその解き明かしをするでしょうか。」

皆が使徒や預言者や教師に任じられることはありません。皆がある一つの賜物をいただくということもありません。一人ひとりに与えられる賜物は異なります。賜物は、教会共同体のそれぞれの人にふさわしく分配されます。皆が同じ賜物をもつとすれば、教会は賜物の多様性を失って貧しくなります。一人ひとりは神から異なった賜物をいただいており、その多様性こそが、教会の健全さのしるしでもあります。

コリントの信徒たちの問題の一つは、異言という特定の賜物だけを求めたことでした。そしてもう一つの問題は、それを人間の熱心によって求めたことでした。人間の熱心によって神を動かそうとしていました。しかし御霊の賜物は、本質的に、人間の願いによって与えられるものではありません。それは神の主権によって、一人ひとりに与えられるものです。

二八節でパウロは、神は、教会の中にいろいろな賜物を備えてくださった、と語りました。神が備えてくださったのです。人が自分で選んで、その賜物が与えられるのではありません。人は自分で選択して、使徒や預言者や教師になれるのではありません。人を選び、賜物を与えられるのは神ご自身です。その神の主権を認めることが大切です。そして神が自分に与えてくださったものを知り、受けとめるのです。与えられたものを生かして生きるのです。そして同時に、他の人に神が与えられたものをも認めて、それが生かされるように配慮し、助けることが大切です。

キリストのからだなる教会のために、神はそれぞれの人にふさわしい賜物を与え、務めを与えられました。人の賜物をねたんだり、同じものが欲しいと要求したりすることは正しくありません。まず自分に与えられているものをしっかりと受けとめることです。また何が与えられていないかを知ることも大切でしょう。

各人の賜物は、キリストのからだなる教会のために、キリストの栄光のために与えられたものです。一人ひとりがそのキリストの召しに賜物をもって応えていくとき、一つのからだなる教会が立ち上がっていくのです。

よりすぐれた賜物を熱心に求めなさい

こうしてパウロは、賜物の多様性を認めることと、自分に与えられている賜物を生かして歩むことを求めました。そして最後に、一つの命令を付け加えています。

「あなたがたは、よりすぐれた賜物を熱心に求めなさい」（三一節前半）。

これは、これまでのパウロの主張と矛盾しているように思えますが、そうではありません。これまでの主張を前提としたうえで命じていることです。

コリントの信徒たちは歪んだ形で御霊の賜物を求めていました。人間の熱心で神を動かそうとし、自己実現のために賜物を求めていました。確かにそれは間違いです。しかし、賜物が豊かになることを熱心に求めること自体は、決して誤りではありません。パウロが求めているのは、教会において御霊の賜物が、主にある秩序の中で豊かになることでした。霊の働きを抑えようとするのは望ましいことではありません。むしろ、それらは秩序づけられることが必要なのです。

御霊の賜物を熱心に求めること、それがより豊かになることを求めるのは大切です。正しい意味で自分の賜物を受け入れることは必要ですが、それは決して「しょせん自分はこんなものだ」と諦めることとは違います。与えられている賜物を受けとめつつ、さらに豊かな賜物を求めること、用いていただけるように謙虚に願い求めること、その熱心を、神ご自身が求めておられるのです。

パウロは「よりすぐれた賜物を熱心に求めなさい」と述べて、続く一三章で愛について語ります。すなわち、賜物の頂点に愛があるのです。

どんな目立つ賜物を得ることよりも、どんな大きな務めを担うことよりも、病を癒やす力や奇跡を行う力を得ることよりも、もっと大切なことは、愛の人になること、愛する人になることです。

真の愛をもつことは、どんなに大きな賜物を持つことよりも大切です。ですから、教会が本当の意味でキリストのからだになるのは、単に一致と協力があれば良いということではありません。むしろ、二六節で「一つの部分が苦しめば、すべての部分がともに苦しみ、一つの部分が尊ばれれば、すべての部分がともに喜ぶのです」と述べられたように、苦しみと喜びを共にするようになること、すなわち、愛によって結ばれることが大切です。愛によって結ばれてこそ、教会はキリストのからだとなります。そこにおいてこそ、教会を通して生けるイエス・キリストが証しされます。私たちの召しは、まさにそのような教会をつくることにあるのです。

56　愛がなければ

〈Ⅰコリント一二・三一後半〜一三・三〉

「私は今、はるかにまさる道を示しましょう。
たとえ私が人の異言や御使いの異言で話しても、愛がなければ、騒がしいどらや、うるさいシンバルと同じです。たとえ私が預言の賜物を持ち、あらゆる奥義とあらゆる知識に通じていても、たとえ山を動かすほどの完全な信仰を持っていても、愛がないなら、私は無に等しいのです。たとえ私が持っている物のすべてを分け与えても、たとえ私のからだを引き渡して誇ることになっても、愛がなければ、何の役にも立ちません。」

愛がなければ教会の真の一致はない

パウロは三一節前半で、「あなたがたは、よりすぐれた賜物を熱心に求めなさい」と命じました。では、その「よりすぐれた賜物」とは何なのでしょうか。この表現からすれば、賜物には、よりすぐれたものとそうでないものがあることが分かります。では、いったい賜物は何によって評価されるのでしょうか。賜物を評価する基準は何なのでしょうか。パウロはその基準こそ「愛」なのだと言います。愛こそ、御霊の賜物を評価する基準なのです。

三一節の後半でパウロは、「私は今、はるかにまさる道を示しましょう」と言います。この「はるかにまさる道」こそ、愛です。そしてすべての霊的賜物は、この愛によって評価されます。また賜物の使用についても、この愛によって規制される必要があります。

コリント教会には様々な問題がありましたが、その一つが御霊の賜物に関する問題でした。一部の人たちが、異言をことさらに強調して、それを誇りとしていました。すなわち、一部の者たちは、異言を話せることを誇り、それこそが聖霊に満たされている証拠だと言って、異言を語れない人たちを見下していました。さらに、礼拝の中で勝手に異言を語り出す者もいました。彼らの影響を受けて、何とかして異言で祈らなければならないと懸命になる者たちもいました。こうしてコリント教会は、分裂と混乱に陥っていたのです。

パウロは教会の一致を願っていました。そのために彼が示したのが、「はるかにまさる道」としての「愛」です。党派主義に陥っていたコリント教会が一致するためには、愛が不可欠でした。

世の中には、愛によらない一致がたくさんあります。力によってねじ伏せられて強制的に一致させられる場合もあるでしょう。また、この世の諸団体は、利害によって一致しているもの、目的によって一致しているもの、活動において一致しているものなど様々です。

では、教会は何によって一致するのでしょうか。パウロが明言するのは、教会の真の一致は、愛によらなければ実現しないということです。教会ならば必ず愛による一致が実現しているわけではありません。それ以外の要素で、教会が一致している場合もあります。教会といえども、実力者によってねじ伏せられて強制的に一致が実現している場合がないとは言えません。また、何かの目的に向かって懸命に活動することで一致を保っている場合がないとは言えません。教会に集う者たちの思惑や利害が均衡を保って、何とか一致しているという場合もあるかもしれません。

しかし、この世の諸団体はともかく、教会に関して言うならば、愛によらない一致は、真の一致ではありません。教会における一致は、愛によらなければ実現しないのであって、他の要素で一致を保っているのは、真の一致とは言えません。

コリント教会の不一致は、とりわけ、異言を強調する人たちによってもたらされていました。彼らの熱意は、もともと宗教的熱心に起因していました。彼らは決して、世俗的な思いや思惑で、教会をかき乱していたのではありません。神への熱心が、結果として教会の混乱を招いていたのです。

神への熱心、宗教的熱心そのものは、間違いではありません。宗教的熱心自身は、むしろ望ましいものです。しかしそのような、それ自体は望ましいものが、教会の一致を破壊し、混乱の原因となってしまうことさえあるのです。

では、どうしたらよいのでしょうか。

教会の一致のためには、たとえどんなに正しい動機から生まれたものであったとしても、それを超えたものが必要です。神への熱心、宗教的熱心自体は正しいものです。しかし、教会においては、それを超えたもの、それらを正しく規制するものが必要なのです。それがここで言う愛なのです。

愛がなければ、教会の真の一致はありません。どんなにすぐれたものでも、愛がなければむなしいのです。愛がなければ、すべては無意味です。そのことをパウロは、一三章の一節から三節で具体的に述べていきます。

愛がなければ異言はむなしい

パウロはここで、四つの霊的賜物と、二つの信仰者の行為を取り上げています。四つの霊的賜物とは、異言、預言、知識、信仰です。霊的な賜物をもつことは、言うまでもなく大切なことです。一二章でパウロもその大切さを語り、さらに豊かになることを求めるように命じました。

しかし、それ自体が大切なものである霊的な賜物が、教会の混乱の原因になることがあります。それは、特定の霊的賜物に固執し、それを絶対化するときに生じます。賜物についての歪んだ解釈に固執した場合に起こります。

コリント教会においては、異言問題でそれが顕在化していました。そこでパウロもまず異言のことを取り上げています。彼は言います。

「たとえ私が人の異言や御使いの異言で話しても、愛がなければ、騒がしいどらや、うるさいシンバルと同じです」（一節）。

愛がなければ、異言は「騒がしいどらや、うるさいシンバル」にすぎない、とパウロは言います。愛がなければ、異言はこれらの雑音と同じなのです。

「騒がしいどらや、うるさいシンバル」というのは、意味を伝えることのない単なる音にすぎません。ことばではありませんから、ほかの人を建て上げることはできません。また、この「どら」や「シンバル」は、おそらくギリシアの神々を参拝する際に使われていたものだと思われます。ですから、「どら」や「シンバル」と聞けば、コリントの人たちはすぐにギリシア神殿での異教礼拝を思い起こしたことでしょう。それゆえパウロが、愛がなければ、異言は「騒がしいどらや、うるさいシンバル」にすぎないと言ったのは、かなり辛辣《しんらつ》な批判です。それは異教礼拝の道具と同じだと、こきおろしているのです。

これは、コリント教会の異言がどれほど教会を混乱させ、秩序を乱していたかを反映していると言えるでしょう。愛のない異言は、教会に多くの悪しき影響を与えていました。

しかし、だからといってパウロは、異言を退けようとしていたのではありません。異言は御霊の賜物です。確かに一二章の後半に記されていたように、異言は御霊の賜物の中では最下位に位置されるものでした。それでも、無意味だとか、悪しきものだとかと言っているのではありません。

大切なことは、パウロがここで異言について求めたのと同じように、霊的賜物が適切に用いられることです。パウロは単に異言を退けようとしたのではありません。それが適切なものとなることを願いました。確かに異言は、それ自身ではあまり意味のない賜物でした。しかし愛によって、この賜物もより意味のあるもの、役立つものとなります。愛によって、この賜物が用いられるなら、教会の益になり得るのです。そうなることを、パウロは願っています。

賜物は愛がなければ無意味である

次に取り上げられている賜物が、「預言の賜物」と「あらゆる奥義とあらゆる知識に通じること」です。聖書が完結する以前は、新約時代においても預言者が存在しました。預言とは、将来のことを言い当てるということではなく、神のことばを預かることです。神のことばを預かって人々に伝えるのが、預言者の務めでした。

また「あらゆる奥義」とは、神が啓示によって明らかにしてくださった奥義のことです。神の啓示によって知ることができた知識です。そして「あらゆる知識」とは、そうした神の啓示に基づいて人間が集積した知識のことと言えるでしょう。

こう考えれば、この預言や知識がいかに重要なものであるかが分かります。神の啓示のことばと、それに基づく人間の知恵のことですから、今日で言えば、神のことばである聖書と、聖書に基づく教理・神学と言ってもよいでしょう。それらは教会にとって、土台となるべきものであり、決定的に重要なものです。

しかしパウロは、それらさえも、愛がなければ無に等しいと言います。つまり、愛がなければ、それらが本来もっている尊さや意味が失われてしまうのです。

確かに聖書は神のことばです。それは揺らぐことのない事実です。けれどもその聖書ほど、この世で悪用されている書物はないでしょう。聖書の中心であるイエス・キリストを見失ったならば、すなわち神の愛を見失ったならば、聖書のことばはいくらでも誤解され、悪用されることが起こり得ます。人を惑わし、苦しめることばとして悪用されることさえあります。

また教理や神学もそうです。教理や神学が、キリスト者一人ひとりの生活にとって、また教会にとってどれほど重要であるかは言うまでもありません。しかし、これらもまた悪用されます。ときには、神学のことばは、人を裁いたり、傷つけたりする単なる道具になることさえ起こります。

教理や神学というのは、ちょうどよく切れる包丁のようなものです。それが益となるか害となるかは、それを用いる人次第です。包丁はおいしい料理の道具にもなれば、殺人の道具にもなります。問題はそれを用いる人に愛があるかどうかです。そして愛がなければ無に等しいのです。教理や神学は、本当に重要なものですが、それを用いる人に愛がなければ、無意味であるだけでなく、悪を生み出すことさえあるのです。

続く二節後半で取り上げられている賜物が、「山を動かすほどの完全な信仰」です。ここで言われているのは、通常の信仰ではなく、奇跡を生じさせる類の信仰のことだと言えます。そしてパウロは、そのような奇跡をもたらすような信仰の力も、愛がなければ無価値だと言います。

主イエスは、「もし、からし種ほどの信仰があるなら、この山に『ここからあそこに移れ』と言えば移ります。あなたがたにできないことは何もありません」（マタイ一七・二〇）と言われました。信仰の賜物の力を教えるみことばです。しかしそのような信仰の賜物をもっていたとしても、愛がないなら何の値打ちもない、とパウロは言います。

これは、主イエスがマタイの福音書七章でこう言われたことに通じます。

「わたしに向かって『主よ、主よ』と言う者がみな天の御国に入るのではなく、天におられるわたしの父のみこころを行う者が入るのです。その日には多くの者がわたしに言うでしょう。『主よ、主よ。私たちはあなたの名によって預言し、あなたの名によって悪霊を追い出し、あなたの名によって多くの奇跡を行ったではありませんか。』しかし、わたしはそのとき、彼らにはっきりと言います。『わたしはおまえたちを全く知らない。不法を行う者たち、わたしから離れて行け』」（二一～二三節）。

主は、主の御名によって預言し、悪霊を追い出し、奇跡を行ったとしても、天の御国で拒まれる人がいると言われました。それはなぜなのか。天の父のみこころを行っていなかったからです。何をしていたとしても、天の父のみこころを行わないならば、つまり、愛がないならば、無に等しいのです。

愛がないならば、神のことばも、崇高な人間の知識も、さらに力ある業を起こす信仰も、何にもならない。パウロはそう断言します。

御霊の賜物は、私たち一人ひとりに分配されています。大きな賜物、小さな賜物、それぞれ違いがあるでしょう。しかし賜物の大きさが本質的な問題ではありません。一番大切なことは、それらが無にならないこと、つまり意味あるものとなることです。そして、一人ひとりに分け与えられているものが、意味あるものとなるか、それとも無となるか。それはその人に、愛があるか否かにかかっているのです。

続く三節では、二つの信仰の行為が取り上げられています。「たとえ私が持っている物のすべてを分け与えても、たとえ私のからだを引き渡して誇ることになっても、愛がなければ、何の役にも立ちません。」「持っている物のすべてを分け与える。」これは、人間の最高の道徳的行為、慈善行為と言えます。しかしそれでさえ、愛がなければ無価値なのです。

さらに「私のからだを引き渡して誇ることになる」というのは、おそらく殉教の死を指していると思われます。神への最高の献身の姿である殉教でさえ、パウロは愛がなければ無価値だと言います。

三節に取り上げられている二つの行為は、人間の最高の宗教的行為だと言えます。しかしパウロはそれさえも、愛がなければ益にならないと言います。つまり、人は完全な宗教的行為そのものを追求しても仕方がないのです。なぜなら、それらは結局、自分自身を追求していることにほかならないからです。

人間は、どんなに崇高な行為をしているときにも、心の内に「自分のため」が隠されています。人に仕え、神に仕えているようで、実はそれによって自分の満足や栄誉を追求することがあります。殉教の死においてさえも、自分のために栄冠を求めるということが、あり得るのです。私たち罪人は、どんなに崇高なことをしていても、自分の損得で考えることから逃れられない面があります。神への信仰、神への献身という中にも、「自分のため」、自己満足が入り込んでいる。信仰というものがいつのまにか、自己追求や、自己の精進に変質してしまう。神が求めておられる、神への愛、隣人への愛という外見を取りながら、実は自己愛に動かされているということがあり得る。少なくとも、自己愛から解放されていることはない。それが罪人の現実です。

そしてそのような自己愛を根にもつ行為ならば、何の益もないと言わなければなりません。神の前には、何の益もないと言われてしまうのです。

愛がなければすべてはむなしい。愛がなければ何の益もない。パウロはひたすらそれを強調しています。そしてパウロの言う愛とは、人間の同情や、人間的善意のことでないのは明らかです。

パウロの愛の理解は、言うまでもなく、イエス・キリストによって示された神の愛、それに基づく愛を指しています。それゆえ、神を知ることがなければ、イエス・キリストを知ることがなければ、真の愛を知ることはできません。

十字架の愛は、無価値な者への愛です。相手がそれを受けるに値するか否かを考えることなく注がれる愛です。愛される者の魅力に起因する愛ではありません。

神の愛は、まだ罪人であった私たちに注がれた愛です。そして見返りを求めない愛です。相手の益だけを求める愛です。このような愛は、生来の私たちの内にはないものです。生来の私たちは、自己愛に縛られています。自己愛や自己の損得と無関係には生きられない面があります。根深い、そういう性質を負っています。

その罪人の私たちが変わる可能性は、ただ一つ、神の愛を知ることです。十字架に示された神の愛を知ることです。その愛で、自分が愛されていることを知ることです。その神の愛こそが、自分を変えることができるのです。神の愛こそが、人を変える力をもつのです。

パウロははっきりと、どんな賜物であれ、務めであれ、献身的行為であれ、愛がなければ無意味だと言いました。ならば私たちが求めるべきものは、この愛以外にはありません。人は外見を見ます。賜物や務めや行為は外に見えるものであり、それによって人は評価されます。それゆえ人はどうしても、こういった外に現れるものを求めます。しかし、主は外見を見られるのではありません。心の内を見られます。それも、愛があるか否かを見られるのです。愛からそれを行っているか否かを見られるのです。

それゆえ私たちは、ある意味で自分自身を厳しく問わなければならないでしょう。どんな霊的力も、能力も、知恵も、親切な行為も、愛がなければ何の益もないのです。自分はむなしい動機で行動していないか。それを問わなければならないでしょう。

同時に、根本的に大切なのは、愛は御霊の実であることです。自分を厳しく問えば、愛がないことを知るでしょう。ではどうしたら愛をもつことができるのでしょうか。

それは、自分の力ではできないのです。愛は私たちの内に生来的にあるものではありません。それが罪人ということです。そしてないものを、どんなに掻《か》き立てても仕方がありません。

愛は御霊の賜物だと聖書は語ります。イエス・キリストによって、与えられる賜物です。自分が努力して獲得するのではなくて、主が与えてくださるものです。それがイエス・キリストの約束です。

主は、「求めなさい。そうすれば与えられます」と約束されました（マタイ七・七）。この約束に私たちの希望があります。約束のゆえに、私たちは主イエスに求めることができます。そして主は必ず答えてくださるのです。

イエス・キリストの御霊によって、愛の実を結ぶ。それが、私たちが何より求めるべきことです。私たちはただ主の約束に信頼して、歩んで行くのです。

57　愛の特性

〈Ⅰコリント一三・四～七〉

「愛は寛容であり、愛は親切です。また人をねたみません。愛は自慢せず、高慢になりません。礼儀に反することをせず、自分の利益を求めず、苛立たず、人がした悪を心に留めず、不正を喜ばずに、真理を喜びます。すべてを耐え、すべてを信じ、すべてを望み、すべてを忍びます。」

様々な愛の特性

パウロは一三章四節から七節で、愛の特性について述べています。四節から七節は愛を主語にした文章です。

第一は「愛は寛容であり」です。しんぼう強さのことです。これは、他者に対する態度のことです。つまり、人に対してすぐに感情を爆発させたりしない、短気にならないことです。ペテロの手紙第二に「主は……だれも滅びることがなく、すべての人が悔い改めに進むことを望んでおられる」（三・九）とありますが、神が罪人に対してすぐに怒らず、忍耐しておられるように、私たちも人に対して、すぐに怒って裁かずに、根気よく待つ姿勢をもつことです。愛のもつ自制的な面を意味しています。

第二は「愛は親切」です。これも対人関係のことで、一言で言えば、柔和であることです。他者に対して善意をもって接するというのが基本的な意味です。ひどい扱いをする者に対しても、善意で応えるのです。

三番目からは否定命題が続きます。第三は、愛は「人をねたみません」です。この動詞は、「熱意がある」「熱心である」という良い意味に用いられることもあります。強い感情のこもった熱情は、確かに良い面に向けられれば、良い成果を生み出します。しかし、それが悪いほうに向けば「ねたみ」になります。

聖書の中で、神の人はしばしば「ねたみ」のゆえに苦難を味わいました。ヨセフが兄弟たちにエジプトに売り飛ばされたのも「ねたみ」のゆえです。また、使徒の働き一七章によれば、ユダヤ人たちがパウロを迫害したのも「ねたみ」のゆえでした（五節）。そして、この手紙の三章でパウロが「あなたがたの間にはねたみや争いがある」（三節）と言っているように、コリント教会には「ねたみ」が満ちていました。

ねたみとは、ほかの人のすぐれた点に対して引け目を感じたり、先を越されたことを、うらやみ憎んだりする思いです。教会には賜物の違いや働きの違いがあります。そのこと自体は避けられないことですし、本来それは教会の多様性や豊かさであると言えます。しかし「愛」がなければ、それは人間相互のねたみを引き起こします。

第四と第五は、「愛は自慢せず、高慢になりません」です。「自慢する」とは、「ほら吹き」から派生した動詞ですので、「大言壮語する」「小さなことを膨らませてものを言う」ことです。そして「高慢になる」の原語は「吹く」という動詞です。つまり、風船のように吹いて膨れ上がることです。

「自慢する」も「高慢になる」も、自分の実体は貧しいにもかかわらず、それを膨れ上がらせて、自分を現実よりもはるかに大きく見せ、そのように人に認めさせようとすることです。むなしい自己主張だと言えるでしょう。そしてこの「高ぶり」こそ、コリント教会に目立っていた悪徳でした。パウロは繰り返してそのことを指摘しています。

宗教改革者カルヴァンは言います。「愛にみちびかれている人は、傲慢にふくれあがって、他人をあなどることをもって自分のよろこびとするようなことはしない」(『カルヴァン新約聖書註解Ⅷ　コリント前書』三〇四頁)。

自慢し、高ぶることとは、他者を侮ることにほかなりません。それは愛とは相容れないものです。

第六は、愛は「礼儀に反することをせず」です。見苦しいふるまいをしない、下品なことをしない、恥ずべき行動をしない、ということです。カルヴァンは「愛は、愚劣なひけらかしによって、はしゃぎまわることがない。また、愛は、そうぞうしいものではない。それは、中庸と礼儀をまもっている」（同書、三〇四頁）と述べています。

第七は、愛は「自分の利益を求めず」です。直訳すれば「自分自身のことを求めない」となります。自分のことだけを追いかけない、自分のやり方を通さない、ということです。神のためと言いながら、結局自分のことを追い求めているにすぎない場合があります。そして本人もそれに気づいていない場合さえあります。

第八は、愛は「苛立たず」です。ここは動詞「怒らせる」の受身形が用いられていますので、直訳すれば「怒らされることなく」となります。人に挑発され、怒らされても怒らないことです。すぐにカッとしないことです。

私たちは、怒りたくなるような事柄に出会うことがあります。それは避けられません。理不尽なことを言われたり、されたりすれば、だれでも心の中に怒りの火がともるでしょう。そして怒ることはどんな場合でも間違いである、と聖書が教えているのではありません。怒る必要があるときもあるでしょう。悪に対して、怒ることは間違いではありません。

しかし、怒りをどう表すかは非常に重要です。怒りを誘発されて、すぐにそれを爆発させてしまうことは、愛ではないとパウロは言います。怒りを招くような事柄に出会うことはあるわけです。それは避けられません。しかし、それにすぐに反応して、怒りに身を任せるようなことはすべきではない。愛は、怒りに身を任せることを止めることができるのです。

第九は、愛は「人がした悪を心に留めず」です。これは「数える」という意味の動詞です。通帳につける簿記に関連したことばです。それゆえこれは、相手が自分に対してなした悪を数え上げることをしない、相手の悪を記録にとどめることをしない、ということです。自分の受けた悪をずっと記憶し続けることは、絶えず恨みをもち続けることであり、いつか報復してやろうと身構えていることです。そうした心持ちで生きていれば、人間関係を損ねるだけでなく、自分自身をも損なってしまいます。

しかし他者を赦すのは、それほど容易なことではありません。生来の人間には、その力はないと言ってもよいでしょう。この世においては、人々は自分が傷つけられたことを記憶に刻み、それに報復する機会を狙っているかもしれません。しかし、そうすることで自分を損ない、さらに報復が報復を呼んでいきます。憎しみの連鎖が際限なく繋がるのです。

この連鎖は、赦しによってしか切れません。そして人が赦すことができるのは、自分が本当に赦された者であることを知るときのみです。

自分がどれほど神を悲しませてきたか、また、自分の知らないところでどれほど人を傷つけてきたか。それを私たちは、本当に知っているわけではありません。しかし、そのすべてを神が、イエス・キリストのゆえに赦してくださいました。愛によって赦してくださいました。そのことを知ったとき、つまり、神の自分に対する大きな愛を知ったときに、人は初めて、ほかの人の自分に対する悪を数えるところから解放されます。逆に、自分がどれほど愛されているか、どれほど多く赦されたかを知らなければ、人は赦す人、愛する人にはなれないのです。

ある神学者はこう言っています。「他者の罪が私たちを苦しめるとき、私たちが愛をもつか、もたないかがはっきりする。」

愛の真価が問われるのは、他者によって、苦しめられたとき、不当な目にあわされたときです。そして愛は、他者の悪を心に刻まないのです。

続く六節にはこうあります。愛は「不正を喜ばずに、真理を喜びます」。

五節の最後に「人がした悪を心に留めず」とありました。しかし「人がした悪を心に留めない」ことは、決して不義や不正を曖昧にすることではありません。行われた不正を同情的に見過ごすことではありません。そこでパウロはすぐに「愛は不正を喜ばず」と続けます。

人間の罪の性質は不正や不義を喜びます。人間の心の内には、どこかに他人の不幸を喜ぶ性質が潜んでいるのではないでしょうか。確かに悲惨な目にあった人のことを知って、人は憐れみの感情をもちます。それは当然のことです。しかし、同時に人の心には、人の不幸によってほっとしたり、安心するような思いがないとは言えません。そのような「相反する感情」が、私たち罪人の心には宿っているのではないでしょうか。私たちも自分自身の心を本当に探っていくならば、不義や不正を喜ぶような思いが全くないとは言えないのではないでしょうか。

しかし愛は「真理を喜ぶ」のです。愛は決して不義や悪を喜びません。ただ真実を、真理のみを喜ぶのです。

そしてこの真理とは、神の真理、福音の真理にほかなりません。イエス・キリストは「わたしが道であり、真理であり、いのちなのです」と言われました（ヨハネ一四・六）。イエス・キリストこそが真理であり、イエス・キリストの福音こそが神の真理です。真の愛はその真理を喜ぶのです。

忍耐と信仰と希望の源泉としての愛

愛の特性を語る十一の文章を見てきました。そして最後の七節は、この四節から六節に記された愛の働きの結論的要約と言えます。

「すべてを耐え、すべてを信じ、すべてを望み、すべてを忍びます。」

愛は「すべてを耐える」ものです。つまり、愛は簡単に諦めません。愛はすべてのことを忍ぶことができ、苦しみに耐える力を与えます。

そして愛は「すべてを信じる」ものです。もちろんこれは、何でも信じるということではありません。お人好しになれということではありません。

信じるのは何よりも真の神です。神の全能の恵み、神の愛のゆえに、信じることをやめない。状況が悪くても、疑わしいような状況に置かれても、信じることをやめないのです。

真の神を知らなければ、信じる、信頼するというのは、人間の世界での常識の範囲内にとどまります。しかし全能の神を信じるとき、それを超えていくことができます。

すなわち、愛の神を知ることによって初めて人は、様々な状況の中で、物事を悲観的に判断することから救われるのです。全能の神のご支配を信じているがゆえに、いたずらに悲観的になることがない。状況を超えて、神を信じるがゆえの希望をもつことができるのです。

このことは、人を信頼することにおいても現れます。私たちは人の誠実や好意をなかなか信じられない面をもちます。すぐに疑心暗鬼に陥りやすい。しかし、愛の神を知るとき、そして自分が愛されていることを知るときに、今度は人を愛し、信頼する思いが与えられるのです。

第三に愛は「すべてを望み」ます。望みを捨てない、望みを失わないということです。これも、いたずらな楽観主義を言っているのではありません。神によって与えられる勝利を知っているがゆえに、前に目を向けて歩むことができるということです。厳しい現実があったとしても、神の恵みの勝利の約束のゆえに、なお信じて、前進していくことができるのです。

そして最後は、愛は「すべてを忍ぶ」ことです。試練の中でも落胆しない持久力を意味します。愛こそが、忍耐を生み出し、あらゆる重荷を負いながら耐え抜く力を生み出すのです。

このように、愛こそが、あらゆる状況にあって、すべてに耐え、信じ、なお望み、忍耐することを可能にします。愛こそが、忍耐と信仰と希望の源泉にほかならないのです。

真の愛の性質

パウロが美しく歌いあげている愛の特性について見てきました。全体を通して、いくつかのことを指摘することができます。

第一に、真の愛は、この世で言われている愛とはかなり異なることです。この世ではしばしば、愛という名で、ねたみや、高ぶりや、無作法を生じさせることがあります。また愛という名で、自分の利益を求めたり、恨みを生んだりすることもあります。しかし、真の愛はそうしたものではありません。

第二に、真の愛はつつましいものであることです。ここに挙げられているのは、いずれもつつましい人間の姿に通じます。派手な行動が愛として示されているのではありません。

愛は必ずしも、先鋭化した行動として現れるわけではありません。

それゆえ、積極的な行動の有無によって、愛の有無が測られるのではありません。むしろここに描かれているのは、状況にいたずらに振り回されずに、神の御前に誠実に生きる人の姿です。神との確かな交わりに生きる誠実な人、それが愛の人とされています。

混乱の中にあったコリント教会にとって、何より必要なのは、こうした愛の人でした。このような愛こそが、教会の一致を保つうえで何よりも大切なのです。

第三に、私たちは改めて、自分がいかに愛のない者であるかを知らされたのではないかと思います。四節から七節の「愛」という部分に、自分の名前を入れて読めば、自分の愛のなさが分かると言われます。自分の名前を入れて、恥ずかしさを感じない人はだれもいないでしょう。それほど私たちは真の愛から離れています。

しかしパウロは、単にコリントの信徒たちに、愛がないことを知らせることを目的にこれを書いているのではありません。落胆させようとしているのではありません。一四章一節でパウロは「愛を追い求めなさい」と命じています。愛がない者たちに、愛を追い求めるように命じているのです。

真の愛はいったいどこから生まれるのでしょうか。それは人間の内側からではありません。人間の努力で獲得できるのではありません。努力ではどうにもならないもの、それが愛です。ヨハネの手紙第一の四章にはこうあります。

「私たちが神を愛したのではなく、
神が私たちを愛し、
私たちの罪のために、
宥めのささげ物としての御子を遣わされました。
ここに愛があるのです」（一〇節）。

真の愛がどこから始まるかを、このみことばは示しています。つまり愛は、神が私たちを愛してくださったことに始まるのです。私たちを愛して、私たちの救いのために御子イエス・キリストを十字架につけてくださったこと。そこに神の愛があります。そして、その愛で愛された者のうちに、真の愛が生まれるのです。

神の愛を知ったとき、自分が無条件で愛されていることを知ったとき、初めて愛されている自分を受け入れて、自分を愛することが始まります。こうして神を知る者こそ、健全な意味で自分を愛し、そして愛された者として今度は他者を愛する者となります。そこに、愛の共同体が生まれます。そして、これを実現してくださるのが、聖霊なる神なのです。

パウロはローマ人への手紙の中で、「私たちに与えられた聖霊によって、神の愛が私たちの心に注がれているからです」と語りました（五・五）。

キリストを信じる者の心には、確かに聖霊が与えられています。そして聖霊が私たちの心に神の愛を注いでくださいます。その愛によって、私たちは真に愛する者に変えられていくのです。

ですから、ここに記されている愛の教えは、単なる道徳や倫理ではありません。愛は約束であり、希望でもあります。そしてこの希望は決して私たちを欺くことはありません。私たちはこの約束と希望をもって、愛のある教会を目指していくのです。

58　信仰・希望・愛

〈Ⅰコリント一三・八～一三〉

「愛は決して絶えることがありません。預言ならすたれます。異言ならやみます。知識ならすたれます。私たちが知るのは一部分、預言するのも一部分であり、完全なものが現れたら、部分的なものはすたれるのです。私は、幼子であったときには、幼子として話し、幼子として思い、幼子として考えましたが、大人になったとき、幼子のことはやめました。今、私たちは鏡にぼんやり映るものを見ていますが、そのときには顔と顔を合わせて見ることになります。今、私は一部分しか知りませんが、そのときには、私が完全に知られているのと同じように、私も完全に知ることになります。こういうわけで、いつまでも残るのは信仰と希望と愛、これら三つです。その中で一番すぐれているのは愛です。」

愛は決して絶えることがない

コリント人への手紙第一の一三章は、愛の賛歌と言われるとても美しいみことばとして知られています。その「愛の賛歌」の第三部が八節以下ですが、この部分の主題は、愛の永遠性と言えます。真の愛は決して、一時的、地上的なものではないことが、ほかの霊的な賜物との比較で語られています。

八節の冒頭に「愛は決して絶えることがありません」とあります。これは、愛は永遠である、決して終わらない、絶えることがない、倒れることがない、ということです。

人はだれしも愛されることを求めています。愛されること、受け入れられることがなければ、人は生きることはできません。しかしこの世における愛は、どれも一時的です。絶対に変わることがない愛は、この世にはありません。永遠の愛など、この世にはありません。しかし、人間の心は永遠を求めるように造られていますから、愛を求めてやまないのです。

聖書が語るのは、神に起源をもつ愛だけが永遠であるということです。その愛は決して滅びない、絶えることがないのです。ですから人間は、この愛を知り、この愛によって愛されていることを知ったときに初めて、本当の意味で安らぐことができます。安心することができるのです。

パウロはここで、そのような愛と、御霊の賜物である預言、異言、知識とを対比しています。「愛は決して絶えることがありません。預言ならすたれます。異言ならやみます。

知識ならすたれます。」

「絶えることがない」とは、終末においても有効であるということですが、パウロは終末においては、愛だけが有効であって、ほかのものは意味を失うと言います。終末において、人は神の御前に立つことになります。となれば、直接神の語りかけを聞くことができるわけですから、預言も、異言も、知識も、不要にならざるを得ないのです。

この世においては、神のことばを預かって語る預言者が立てられ、また神の啓示を明らかにする異言も用いられ、さらに、神の啓示に基づく知識も大切でした。それらは、とりわけ初代教会における御霊の賜物、霊の現れでした。

しかし、天の御国においては、生ける神の臨在の前に立ち、直接的に神の語りかけを聴くことができるのですから、もはやこれらは不要です。預言も、異言も、知識も、この世における霊的な賜物であり、この世が過ぎ去るときに、その役割を終えるのです。

預言や知識は完全ではない

九節、一〇節では、預言や知識が完全なものではないことが語られます。

「私たちが知るのは一部分、預言するのも一部分であり、完全なものが現れたら、部分的なものはすたれるのです。」

一般的なことについても、私たちの知識は本当に一部分でしかありません。知れば知るほど、どれほど自分が何も知らないかが分かってきます。科学が発達して、かつては分からなかったことが多く明らかにされました。しかし、まだまだ分からないことが無限にあります。

神に関する知識も同じです。預言というのは、神がご自身に関する知識を、預言者に預けて人間に知らせたことですが、その知識はやはり神知識の一部でしかありません。もちろん、私たち人間が知るべき十分な知識は、神の啓示によって、とりわけ今日は聖書によって明らかにされています。しかし、それが神に関するすべての完全な知識ではありません。

私たちが知る必要のある十分な知識、とりわけ私たちの救いのために必要な確かな知識は聖書に明らかにされています。しかし、神についてのすべてのことが聖書に記されているのではありません。私たちは、神を聖書の中に押し込めることはできません。私たちにとって必要な知識はすべて明らかにされています。しかしそれでも、神知識全体からすれば、やはり部分的でしかありません。ここにある「預言」や「知識」を私たちは聖書と読み替えても良いわけですが、それはやはり神知識の一部でしかありません。

しかし終末が来て、神の御国が到来したときには、完全なものが現れます。完全な神知識が明らかにされれば、そのときには、部分的なものが廃れるのは当然です。新しい世にあっては、もはや不完全な知識や預言は必要ではありません。部分的なものは、完全なものに座を譲ることになります。

コリントの信徒たちの問題は、部分的なもの、不完全なものを、完全なもの、永遠のものと思い込んでいた点にありました。一部の人たちは異言の賜物を、完全なもの、永遠のものと考えて誇っていました。また別の一部の人たちは、自分たちの知識をそのように考えて誇っていました。

しかし、それらは永遠のものではありません。もちろん、霊的賜物は、その時代において大きな意味をもちます。預言も、知識も、異言も、それぞれに大切な意味がありました。御霊が与えてくださった賜物でした。しかしそれらは、この世において一時的に必要とされた賜物にほかならなかったのです。

神に完全に知られている私

パウロは、この部分的なものと完全なものを対比するために、続いて二つの比喩を用いています。第一の比喩が一一節です。

「私は、幼子であったときには、幼子として話し、幼子として思い、幼子として考えましたが、大人になったとき、幼子のことはやめました。」

パウロは幼子と成人の比喩によって、この世の不完全な知識と終末の完全な知識とを説明しています。幼子は、主イエスが「子どものように神の国を受け入れる者でなければ、決してそこに入ることはできません」と言われたように（マルコ一〇・一五）、神を信頼するという面では大人以上にすぐれていますが、幼子の信仰が大人に劣っていると言えません。

けれども、ここでパウロが言っているのはその面ではなく、知識や思考力のことです。幼子がおしゃべりをしたり、考えたり、論じたりするのは、やはり幼子のレベルです。それはやはり大人と比較すれば、不完全で未熟だと言わざるを得ません。そして大人になれば、幼子の時代のそうしたやり方はやめるのです。これと同じように、終末において完全な知識が与えられたときには、この世における不完全な知識や、霊的な賜物は、役割を終え、意味を失います。

第二の比喩は、一二節にある「鏡」の比喩です。

「今、私たちは鏡にぼんやり映るものを見ていますが、そのときには顔と顔を合わせて見ることになります。」

コリントは、当時、鏡を製造する中心地であったそうです。パウロもそれを知っていて、あえて鏡を比喩に用いたのでしょう。しかし鏡といいましても、今日私たちが使っている鏡とはずいぶん違います。私たちの鏡は本当によく映るのですが、当時の鏡はそうではありませんでした。当時の鏡は、単に金属、とりわけ青銅の表面を磨いただけのものであり、そこに映し出される像は、今日の鏡のように鮮明でなく、不完全なものでした。

ですからパウロもここで、「今、私たちは鏡にぼんやり映るものを見ています」と言っています。鏡はぼんやりとしか映し出しませんでした。そのように、私たちは神のことをぼんやりとしか見ていないのです。おぼろにしか見ることができないのです。

神はすべてのものを創造され、それを摂理の御業によって治めておられます。私たちは、聖書という「めがね」を通して、この創造と摂理の御業によって、神を見るわけですが、それはやはり間接的かつぼんやりとした面があると言わざるを得ないでしょう。まさに古代の鏡で映し出された顔を見るようなものです。聖書という「めがね」がありますから、確かにぼんやりとは見えます。しかし、はっきりではありません。まして、みことばの「めがね」がなければ、いよいよ分からないと言わなければなりません。

しかし、終末において事態は一変します。「そのときには顔と顔を合わせて見ることになります。」不完全な鏡を通して間接的に見るのではなく、直接に顔と顔を合わせて神を見ることになるのです。

この世における神についての知識は、どこか不鮮明な、ぼんやりとした面があります。しかし終末においては、すべてがくっきりと明らかにされます。ぼやけた像ではなく鮮明に、神の真理を知ることができるようになるのです。

一二節の後半では、そのことを次のように説明しています。

「今、私は一部分しか知りませんが、そのときには、私が完全に知られているのと同じように、私も完全に知ることになります。」

パウロは、今この世でもっている神についての部分的な知識と、終末においてもつことになるより完全な知識とを比較しています。ここで注目したいのは、「そのときには、私が完全に知られているのと同じように、私も完全に知ることになります」という部分です。つまり、今でも神は私たちのことを、完全に知っておられますが、終末になれば、私たちもそれと同じように、神のこと、神の真理を知るようになるのです。今神が私たちを見渡して、一人ひとりを完全に見て、知っておられるように、御国においては、私たちも何の制約もなく、神とその真理を知ることができるようになります。

ですから、この世において霊の賜物として与えられているものは、いずれも、その「完全なもの」のごく一部分にすぎません。それゆえ、この世で与えられている賜物は、その視点から、つまり終末の視点から評価される必要があります。

しかしコリントの信徒たちにはその視点がありませんでした。終末から考え、評価する視点です。彼らは、幼子のものを成人のものと思い、一部分を全体だと考えました。一時的なものを永遠的なものと考えました。彼らは、目の前の現実にとらわれていました。それが必要以上に大きなものになっていました。それによって結局、今与えられているものを、正しく受けとめて用いることができなくなっていたのです。

来たりつつあるものに対して、つまり、終末に対して自己を閉ざしてしまうならば、今ここにある現実がすべてにならざるを得ません。すると結局、今あるものさえ、正しくとらえ、用いることができなくなります。

一二節のみことばをもう一度見ていただくと、最初の主語は「私たち」ですが、後半の文章では「私」になっていることが分かります。後半の文章が一人称単数の「私」になっているのは、一人ひとりの個人を強調する意図があるからだと思います。つまり、「そのときには、私が完全に知られているのと同じように、私も完全に知ることになります」というのは、まさに、一人ひとりが個人的に神にはっきり知られているということ、そして終末においては、個人的に神をはっきり知る者となるということが強調されているのです。漠然と、みんなは知られています、みんなは知ることになります、ではありません。一人ひとりが今しっかりと神に知られている。そして将来、個人的に神を知る者とされるのです。

ですから、今という時において本当に重要なのは、自分がどれほど神を知っているか、神知識をもっているか、またいわゆる御霊の賜物をどれほど豊かにもっているか、ということではありません。また自分が懸命に神知識を追求し、御霊の賜物を得ようと必死になることではありません。より重要なのは、「私が完全に神に知られている」という事実に立つことです。人には知られなくても、神が完全に自分のことを知っておられる、理解しておられる、受け入れてくださっている。その事実に支えられて立つことです。

自分が何かをするという主体的行動が、最も重要なのではありません。むしろ、自分を受身として、神に知られていること、徹底的に知られていること、それを認めること、そしてそこに立つこと、それが何よりも重要です。自分が知ることよりも、知られていることのほうが本質的に重要です。それを認めて、そこに立つのです。

「知る」というような、自分を主体とする行為はしばしば、人間の高ぶりを生み出します。コリント教会がそうでした。知っていると思う者、豊かな賜物をもっていると思う者は高ぶっていました。それが問題でした。しかし「神に知られている」ことを認めた者は、へりくだらざるを得ません。それはむしろ、神への畏れを生み出します。

ですから、大切なのは、何かをすることよりも、今現在の「神との関係」だと言えます。神との間において、本質的に重要なのは、私たちが何をするかということではありません。生ける神と自分が、今、どんな関係にあるのかということです。それが一番の問題です。神にすべてが知られていることを、本当に喜んでいるかということです。すべてを知られていることで、本当に安心し、憩っているかということです。

それを押しのけて、行動に走ってはなりません。永遠に繋がるものに、心を向ける必要があるのです。

いつまでも残るものに目を留める

最後に一三節のみことばを学びます。これが、これまでの議論の結論です。

「こういうわけで、いつまでも残るのは信仰と希望と愛、これら三つです。その中で一番すぐれているのは愛です。」

永遠に残るもの、いつまでも残るのは、信仰と希望と愛です。ほかのものは残りません。信仰が、天の御国でも必要だろうかと思う方もあるかもしれません。信仰の本質は、神への信頼であり、神との人格的交わりに生きることです。天の御国において、私たちはいよいよ神を信頼し、神との交わりに生きるのですから、信仰はまさに永続すると言えます。希望もまたそうです。天の御国とは、希望がない単調なモノトーンの場所ではありません。天の御国は真の希望に満ちているところです。なぜなら、パウロがローマ人への手紙一五章で記しているように、神は「希望の神」（一三節）だからです。

神への信頼と、神との交わりこそが、真の希望を生み出します。ですから、神への信頼、信仰が永遠であるように、神にある希望もまた永遠なのです。

今は、なかなか生きることに希望がもてなくても、天の御国には、確かな希望が満ちています。神との交わりと希望に満ちて永遠に生きることができるところです。

そしてキリスト者には、その信仰と希望の「初めの一部分」が、この世ですでに与えられています。とりわけ、公同の礼拝の中で、私たちは、天の御国における神との交わりの喜び、祝福、希望の前味を知ることが許されています。

そしてパウロは最後に、このいつまでも残るものの中で「一番すぐれているのは愛です」と語ります。

愛こそが、すべてのものの基礎であり、最高の道です。愛こそが、最もすぐれたものなのです。なぜなら、神は愛であるからです。愛は、神ご自身のご性質、属性なのです。コリントの信徒たちは、異言や知識を大切にして、それを誇っていました。しかし、本当に大切なのは信仰と希望と愛です。中でも、愛にまさるものはありません。

本当に大切なものを大切にして生きる。それが大事です。しかし、これは意外と難しいのかもしれません。

私たちは本当に、信仰を大切に生きているでしょうか。神との交わり、礼拝を第一にして生きているでしょうか。また、神にある希望を、自分の第一の希望として生きているでしょうか。さらに、神に愛され、その愛に生きることを第一にしているでしょうか。

実際は、現実のこと、この世のことを第一にしているのではないでしょうか。もちろん、私たちが日々に直面している現実の課題、生活の課題が、大切であることは言うまでもありません。聖書は、それらを軽視しているわけではありません。

けれでも、聖書が一貫して主張しているのは、神のことよりも人のことを優先すればそれはむなしいということです。その結果を、人は刈り取ることになるという厳粛な事実です。

そこから抜け出すためにパウロがここで示したのが、終末論的な視点でした。永遠の視点から物事を見つめることです。私たちは目前のことに心を奪われがちです。それが大きくなり過ぎて、圧倒されてしまいます。しかし永遠という視点で、天の御国の視点で物事を見つめ直すときに、直面している現実を、その本来の正しい大きさで見つめることができるようになります。霊的に健全な視点が与えられるのです。

コリントの信徒たちは、やがて消え去る賜物を第一とし、それに熱中していました。それらの賜物自体は、聖霊の賜物ですから意味のあるものです。しかし、この世限りのものを第一としていることは、むなしいのです。「いつまでも残るもの」に心を留める必要があります。それを第一とする必要があります。その時こそ、他のすべてのことが整えられていくのです。

パウロは、愛こそが最も大いなるものであると語りました。それゆえ、私たちが何より心を留めるべきは神の愛です。そして神の愛は、イエス・キリストの十字架において鮮やかに示されています。そこで、私たちの罪の刑罰が完全になされ、永遠のいのちが確かなものとされました。

この神の愛に、キリストの愛に、そして永遠の希望にしっかりと目を留める。それ以外に、私たちが目を留めるところはありません。そして、十字架の主を真剣に見つめる者こそ、信仰と希望と愛に生きる者とされるのです。

59　求めるべき賜物

〈Ⅰコリント一四・一～五〉

「愛を追い求めなさい。また、御霊の賜物、特に預言することを熱心に求めなさい。異言で語る人は、人に向かって語るのではなく、神に向かって語ります。だれも理解できませんが、御霊によって奥義を語るのです。しかし預言する人は、人を育てることばや勧めや慰めを、人に向かって話します。異言で語る人は自らを成長させますが、預言する人は教会を成長させます。私は、あなたがたがみな異言で語ることを願いますが、それ以上に願うのは、あなたがたが預言することです。異言で語る人がその解き明かしをして教会の成長に役立つのでないかぎり、預言する人のほうがまさっています。」

愛を追い求めなさい

一節でパウロは、「愛を追い求めなさい」と命じています。習慣的行為を命じている時制ですので、「愛を追い求め続けなさい」「愛を執拗に追求しなさい」という意味です。具体的な霊的賜物の問題を考える際にも、愛の追求の中でなされなければなりません。

一三章に記されていたように、愛こそがすべてを測る根本的な尺度です。愛から出たものでないならば、外見がどんなにすぐれていたとしても価値はありません。教会における判断、またキリスト者の判断では、その根本にいつも愛がなければなりません。それゆえ御霊の賜物も、愛によって秩序づけられることが大切です。愛によらなければどんな賜物もむなしいのですから、その人が愛に支配されるときこそ、霊の賜物は正しい節度をもって用いられることになります。

与えられている霊的な賜物が、本当の意味で生かされるか否かは、その人の一義的な関心がどこにあるかにかかっています。その人の関心が、たとえば自己実現や、自己満足、自分の名誉にあるならば、賜物を生かすことは、神の前にはむなしいものにならざるを得ません。しかしその第一の関心が、神を愛し、隣人を愛することにあるならば、その賜物はふさわしい秩序の下で用いられているのであり、主にある実を結ぶことができます。

パウロは一節後半で「御霊の賜物、特に預言することを熱心に求めなさい」と命じました。御霊の賜物を求めることは本当に大切なことです。賜物は悪用されることがあるからといって、賜物自体が不要だなどと考えてはいけません。自分の賜物は所詮小さくて役に立たないと考えて、賜物を土に埋めておいてはなりません。

キリスト者には御霊の賜物が約束されているのですから、賜物を求め、またそれを磨き、鍛え上げることは大切なことです。賜物を用いて生きることは、私たちキリスト者の基本的な生き方です。

そしてパウロは、賜物を愛の基準で判断するように求めました。パウロは愛の基準によって、異言の賜物と預言の賜物を比較します。そして「特に預言することを熱心に求めなさい」と命じているように、異言より預言の賜物を評価して、それを求めるようにと言っています。

愛とは、自分の利益を求めないものです。自分の個人的益よりも、他者の益、教会の益を求めるものです。その愛の視点から言えば、預言は異言より上位に位置します。それだけでなく、パウロは預言にこそ第一位の地位を与えています。

預言とは、神のことばを預かり、それを語ることで、旧約聖書の時代には、そのような務めを担う「預言者」がいました。そして新約時代になっても、まだ聖書が完結する以前の時代には、同じように神のことばを預かり、語る「預言者」がいました。しかし神のことばは、新約聖書によって完結し、それ以降、神は、通常聖書を通して語られるようになりました。その意味で、ここにある「預言」とは、「神のことばとしての聖書」また「聖書を説き明かす説教」のことだと言えるでしょう。

いつの時代でも、真の神はみことばを語られる方であり、みことばによってご自身の意思を示し、民を導いてこられました。そのようなみことばを語る賜物こそが、この「預言」であると言えます。

預言の三つの機能

二節から五節でパウロは、異言と預言を注意深く対比することによって、預言がすぐれていることを明らかにしています。二節にこうあります。

「異言で語る人は、人に向かって語るのではなく、神に向かって語ります。だれも理解できませんが、御霊によって奥義を語るのです。」

異言も預言も、いずれも初期の教会にあった御霊の賜物です。しかし異言は、人には理解できないことばで、祈ったり、語ったりするものであり、ほかの人を益することはありません。本人は、忘我の中で神に結ばれているのかもしれませんが、ほかの人を神に結びつけるわけではありません。本人がたとえ「神秘」や「奥義」を語っているとしても、それは教会には隠されたままです。

異言が預言に劣る大きな理由は、それが理解不能であるという点です。だれもそれを理解することができません。ですから、他者を益することがないのです。それゆえパウロは、異言を重視することはありません。

では、預言はどうでしょうか。パウロは三節でこう述べています。

「しかし預言する人は、人を育てることばや勧めや慰めを、人に向かって話します。」預言は意味の理解できることばであり、神が人に語りかけられることばです。それには三つの機能があります。

第一は「人を育てる」ことです。ここで「育てる」と訳されていることばは、「建築、建物、建築物」という趣旨のことばです。預言は、人間に対して建設的なもの、人を建て上げるものです。預言は、神の意思を示すものですが、人はその神のことばを聞くことによって、神を畏れ、自らの信仰を正され、神への奉仕に導かれていきます。そのようにして、預言は人を信仰者として建て上げ、造り上げていきます。神のことばは、真の意味で教育的な機能を果たすのです。

預言の第二の機能は、人を「我に帰らせるもの」であることです。新改訳聖書が「勧め」と訳している部分は、本来「呼びかけ」という意味です。

つまり、預言は神の呼びかけのことばなのです。それがときには、慰めの場合もあれば、励ましであったり、勧めであったり、警告であったり、訓戒であったりします。いずれにせよ、このことばは、神の個人的な力を込めた語りかけを意味しており、それを聞くことによって、人は我に帰り、神のもとに、思いを新たにして立つことになるのです。

カルヴァンはここで「わたしたちは、できるだけいつも、刺激を与えられていることが必要な存在である」と述べています（『カルヴァン 新約聖書註解Ⅷ コリント前書』三一四頁）。

人間はものごとに慣れれば、怠惰になり、惰性に流される存在です。信仰生活もそうでしょう。信仰に入ったときの新鮮さや喜びは、時とともに薄れていきます。惰性の信仰生活に陥ることは、だれでも起こりうることです。それが、私たちの性質でしょう。

しかしそんな私たちを目覚めさせるのが、預言のことば、神のことばの説教です。神は、いつの時代も、個人的な力強い語りかけを通して、神の民を目覚めさせ、神の民としての新しい自覚をもって生きるように導いてこられました。カルヴァンが言うように、私たちは「刺激を与えられていることが必要な存在」なのであり、神はみことばを通して、その聖なる刺激を与えてくださいます。

今日においては、主の日の礼拝と、そこで語られる説教を聴く時がその時です。主の日ごとに、神の語りかけを聴いて、自らを省み、神に対する姿勢を正す。これがなければ、私たちは神の民としての歩みを形づくることはできません。

私たち罪人のたましいは、いつも霊的に眠る傾向をもっています。その私たちのたましいを、神はみことばをもって目覚めさせてくださいます。その意味で、主の日の礼拝は、私たちの霊的いのちの要《かなめ》だと言えます。

預言の第三の機能は、人を「慰める」ことです。神のことばこそ、人を本当の意味で慰め、励ますことができます。

以上のように、預言は、人を育て、人を我に帰らせ、そして人を励ます、そのような機能をもちます。これが神のことばの果たす機能だと言えるでしょう。神のことばこそが、人を造り上げるものです。また神のことばこそ、人を我に帰らせ、神の御前に自らを整えさせるものです。そして神のことばこそ、本当の意味で苦難の中にある人を慰め、励ますことができるのです。

このことが礼拝の説教において求められているといえます。もちろん、説教者が人為的にこのことをなそうとして、できるのではありません。神のみことばが真っ直ぐに語られるときに、神のことばがそれを成し遂げるのです。

預言することを熱心に求めなさい

このように、異言は他の人には理解できないものですが、預言は理解できるもので大きな機能を果たします。それゆえ四節でパウロは「異言で語る人は自らを成長させますが、預言する人は教会を成長させます」と述べています。

異言も無意味ではありません。異言を語る本人は、内的な霊的いのちが増し加えられ、「自らを成長させる」ことになるでしょう。パウロも五節で、「あなたがたがみな異言で語ることを願います」と言っています。しかし異言はあくまでその人自身を力づけるのみです。

それに対して預言は「教会を成長させる」ものです。教会全体の徳を高めるものです。それゆえ、預言は異言にはるかにまさります。

異言を強調する者たちは、自分個人の霊的益を最優先にしていました。しかしパウロは、自分のことが先で、他者や教会のことは後だという論理を認めません。

信仰は確かにある意味で個人的なものです。自分と神との関係が中心であると言えるでしょう。しかし私たちの救い主キリストは、教会の主であられ、私たちはキリストを主とする教会に加えられ、そこで共に生きるように導かれました。ですから信仰は個人的なものであると同時に、共同体的なものです。個人の信仰の養いと、共同体の形成は一体的なものにならざるを得ません。しかしコリントの信徒たちは、共同体のことを放置して、自分の益を優先しました。キリストの教会の一員である、キリストのからだの一部であるという思いが、そこには欠落していました。

キリスト者は、キリストのからだなる共同体の中で、賜物を分かち合い、励まし合って共に生きる者です。そうでなければ、健全に生きることはできません。ですからパウロは、教会の徳を高めるがゆえに、預言は異言にまさると語っているのです。

五節にあるように、異言が解釈されて、教会の徳を高めるならば、預言に似た効果があるでしょう。しかしコリント教会ではそうではありませんでした。異言がことさらに重視されていました。意味の分からないことばが、教会において重視されるなら、いったい教会はどうなるのでしょうか。意味のあることばではなく、熱狂的な特殊な宗教現象や宗教体験がその中心になってしまったら、教会はどうなるでしょうか。

もはやそこでは、人が健全に造り上げられたり、教育されたり、慰められたりすることはありません。そうなれば、もはや教会が教会として建て上げられることはありません。コリント教会はそういう危機に陥っていました。神のことばが、教会の中心から追いやられていました。そうなれば、教会は土台から変質していかざるを得ないのです。

ですからパウロは、預言が異言にまさることを明確に示します。それどころか、「特に預言することを熱心に求めなさい」（一節）と命じて、教会において、神のことばが中心でなければならないことを語ります。それを求めるように命じているのです。

教会は、神のことばが中心でなければなりません。神のことばが教会の土台でなければなりません。ここが曖昧になれば、教会は必ず崩れていきます。

礼拝において、神のことばの説教が真っ直ぐに語られなければなりません。そして語られるだけでなく、直《なお》く聴かれなければなりません。これがなければ、教会が建っていくことはありません。

そして、神のことばの中心がイエス・キリストの十字架による救いです。十字架の福音こそが、人を造り上げ、教会を建て上げます。イエス・キリストの福音以上に、人を建て上げ、励まし、慰めることができるものはありません。

現代は「いやし」が求められる時代であり、そのための情報や手段が溢れています。もちろん、それらは無意味ではありません。カウンセリングも有効でしょうし、医学や心理学の助けも重要です。けれども、人間の根本のレベル、人間の本質に届く意味で、人を建て上げ、慰め、励ますことができるのは、イエス・キリストの福音だけです。他のものは、一時的であり、地上的なものです。しかしイエス・キリストの福音は、永遠の確かな希望を与えます。人間を本当の意味で、回復させ、立たせるのは、イエス・キリストのみです。私たちはその確信に立って、福音を宣べ伝えていくのです。

そしてそのためにも、神のことばを語る働き人が、絶えず教会に起こされるように祈る必要があります。教会はあっても、みことばの奉仕者が足りないという状況になれば、教会は危機に陥るでしょう。

さらには、牧師だけでなく、信徒もまた、みことばを分かち合い、語ることができるようになる必要があります。一人ひとりに聖書が与えられているのは、まさに一人ひとりが「預言者」として、みことばを語ることが期待されているということです。

それゆえ、「御霊の賜物、特に預言することを熱心に求めなさい」という命令は、教会に対する、また私たち一人ひとりに対する神の命令であり、チャレンジでもあるのです。

60　教会を造り上げる賜物

〈Ｉコリント一四・六～一二〉

「ですから、兄弟たち。私があなたがたのところに行って異言で語るとしても、啓示か知識か預言か教えによって語るのでなければ、あなたがたに何の益になるでしょう。笛や竪琴など、いのちのない楽器でも、変化のある音を出さなければ、何を吹いているのか、何を弾いているのか、どうして分かるでしょうか。また、ラッパがはっきりしない音を出したら、だれが戦いの準備をするでしょう。同じようにあなたがたも、舌で明瞭なことばを語らなければ、話していることをどうして分かってもらえるでしょうか。空気に向かって話していることになります。世界には、おそらく非常に多くの種類のことばがあるでしょうが、意味のないことばは一つもありません。それで、もし私がそのことばの意味を知らなければ、私はそれを話す人にとって外国人であり、それを話す人も私には外国人となるでしょう。同じようにあなたがたも、御霊の賜物を熱心に求めているのですから、教会を成長させるために、それが豊かに与えられるように求めなさい。」

異言にまさる御霊の賜物

一四章の一節から五節では、愛の視点から異言が預言に劣ることが示されました。異言は自分だけを造り上げますが、預言は人を造り上げ、教会を建て上げます。

続く六節以下では、三つの例示によって、預言が異言にまさることを示していきます。三つの例示とは、第一が、パウロがコリントで語ることばの例、第二が楽器の例、第三が人間の言語の例です。六節にはこうあります。

「ですから、兄弟たち。私があなたがたのところに行って異言で語るとしても、啓示か知識か預言か教えによって語るのでなければ、あなたがたに何の益になるでしょう。」

「ですから、兄弟たち」と、パウロは親しい呼びかけのことばで語り始めています。第一の例は、パウロがコリントで語ることばのことです。パウロは、自分がコリント教会に来て、異言だけを用いたとしたらどうなるかを描いてみせます。そうすれば、コリント教会の人々は、パウロの異言による祈りと語りに感動するでしょうか。彼らは深く教えられて、霊的な実りを得るでしょうか。彼らは励まされ、慰められるでしょうか。

確かに、パウロの異言を聞けば、人々は感動し、パウロと神との交わりを喜ぶかもしれません。しかし、彼らは何も理解できないのです。コリント教会にある様々な問題を、パウロはこれまで非常に緻密なことばで説明し、正してきました。しかし彼が異言で語るならば、何の問題も解決することはありません。教会の欠けも、信仰生活上の悩みも、何も解決しません。パウロがやって来ても、教会自体が何ら前進することはありません。

これで良いのか、とパウロは問いかけています。彼が異言を語ったとしても、教会の益にならないのは明白です。もしパウロが実際にそうしたなら、様々な問題の解決を期待していたコリント教会の人々が失望し、悲しむのは確実でしょう。

異言は確かに初代教会に与えられていた御霊の賜物の一つでした。ですから、それなりの意味はもちろんあったでしょう。しかし、使徒たちが教会を助けることができたのは、異言を語ったときではなく、教会に分かることばで語ったときでした。パウロにどんなに豊かな霊的賜物があったとしても、彼が異言で語ったならば、つまり理解できることばで語ることがなかったならば、それらの賜物が役に立つことはありません。

パウロはここで、異言を「啓示」「知識」「預言」「教え」と対比しています。そして、異言は役に立たないけれども、これらは役に立つとして、異言に対するこれらの賜物の優位を主張しています。

啓示とは、字のごとく啓《ひら》き示すことを意味します。つまり、神が人間に開いて示してくださることです。人間は自分の力で神のことを知ることはできません。自分の力で神を追求して、真の神知識を得ることはできません。神ご自身が、主権的に啓いて示してくださるかぎりにおいて、人は真の神を知ることができます。それが啓示です。

預言もこれと似ています。それは、神が人間に神のみこころを語られることです。神のことばを預言者に預けて、彼を通して人間に語りかけられました。その意味で、預言は啓示の授与と考えることができます。

知識は、その啓示に基づいた神知識と言えます。神ご自身の啓示に基づく知識の体系のことです。ですから、信仰と知識には深い関係があります。

聖書の信仰においては、「信じるという行為自体」が重要なのではなく、何を信じているかが重要です。何となく霊的なものに頭を垂れることが、日本的霊性においては評価されますが、聖書はそうではありません。何を信じているかが大切です。これが曖昧なら、信仰自体も曖昧だと言わざるを得ません。ただ何となく信じているという信仰は、聖書の信仰ではありません。信じている信仰の内容、信仰の論理が大切です。それがここでいう知識だと言えるでしょう。

神の啓示の書である聖書に基づいて、真の神とはどのような方か、人間とはどんな存在か、救いの論理とは何か、この世に生きるとはいったい何か、終末とは何か、そうしたことについての知識が信仰にとって重要です。それゆえ、その知識を教えることが、教会の本質的な務めの一つなのです。

パウロはここで、この「啓示、知識、預言、教え」が、異言よりもはるかにまさっていることを示しました。これら四つは、知的で理性的なものです。ことばの意味を伝えるものです。そこが異言と決定的に違います。異言は意味を伝えないのですから、結局役に立ちません。宣教の働きもできませんし、教会を建てることもありません。

しかし「啓示、知識、預言、教え」は、一つの福音を指し示し、一つの教会を建てます。信徒一人ひとりにとって、また教会にとって、建徳的であるのはどちらなのか。その視点に立てば、異言が劣るのは明らかです。それは人々には、何の役にも立たないのです。

理解できることばの大切さ

パウロは、異言が人々に理解されないことをはっきりと示すために、二つの例を挙げます。第一が楽器の例です。七節にはこうあります。

「笛や竪琴など、いのちのない楽器でも、変化のある音を出さなければ、何を吹いているのか、何を弾いているのか、どうして分かるでしょうか。」

笛や竪琴は、その音の変化によって、つまり、その調べの順序や形式によって、意味を伝えることができます。それによって、人は音楽による感動を味わうことがあります。

しかし、同じ楽器を使ったとしても、でたらめな音符を弾くのであれば何も伝わりません。パウロは異言とは、そういうものだと言います。つまり、ただ音を立てているだけの楽器にすぎない。一三章一節にあったような「騒がしいどらや、うるさいシンバル」にすぎないのです。

楽器のもう一つの例はラッパです。ここでのラッパは、軍隊のラッパのことです。ラッパは遠くにいる軍隊に対して、指揮官の命令を伝えるものでした。ですから、ラッパを吹く者にとって大切なのは、聞く者がはっきりと意味が分かるように吹くことです。意味がはっきりしないような吹き方をするなら、そのラッパは何の役にも立ちません。

パウロはこのラッパを例に、預言が異言にまさることを示しています。預言は、意味の分かる、理解できることばで表されるもので、それは教会に指示を与えることができます。しかし異言は理解できないことばで語られるため、はっきりしないラッパと同じで、教会に指示を与えることはできません。

八節に「また、ラッパがはっきりしない音を出したら、だれが戦いの準備をするでしょう」とあるように、意味が分からなければ、だれもそのラッパの音によって戦闘の準備をすることはありません。それが異言だとパウロは言います。

けれども意味を伝える預言は、意味を伝えるラッパのように、教会を指図することができます。パウロは軍隊の比喩をしばしば使いますが、まさに意味を明快に伝えるラッパによって、つまり神のことばによって、教会は霊的戦いに赴くのです。

こうしてパウロは、笛や竪琴、またラッパの例によって、異言が劣る賜物であることを明らかにしました。それゆえ九節でこう述べています。

「同じようにあなたがたも、舌で明瞭なことばを語らなければ、話していることをどうして分かってもらえるでしょうか。空気に向かって話していることになります。」

意味を伝えることのないことばは、「空気に向かって話している」ことにほかなりません。異言を語る者と、それを聞く者たち、教会との間には理解がありません。異言は何の意味も他者に伝えることができません。それゆえ異言は、他者に対し、また教会に対して何ら実を結ぶことはできません。「空気に向かって話している」ことばであって、むなしいものにすぎないのです。

意味のあることばが中心にならなければ、教会は建ちません。また意味のあることばによって教えられなければ、キリスト者は決して健全に生きることはできません。それゆえ異言の強調は、キリスト者にとっても教会にとっても建徳的ではありません。

異言が預言に劣ることを示す第三の例が、一〇節、一一節にある外国語の例です。一〇節にあるように、「世界には、おそらく非常に多くの種類のことばがあるでしょうが、意味のないことばは一つもありません」。

ことばにとって重要なのは、意味を伝達することです。それゆえ一一節でこう続けています。

「それで、もし私がそのことばの意味を知らなければ、私はそれを話す人にとって外国人であり、それを話す人も私には外国人となるでしょう。」

「外国人」と訳されていることばは、バルバロスという語ですが、それは、「話しことばがバルバルと鳴っているように聞こえる人」ということです。意味をなさないことばを使う人という意味で、やや軽蔑的な表現だと言えます。これは異言を語ることを誇っていたコリントの人たちを皮肉っているのだと思われます。

またここで「意味」と訳されている語は、本来、「力、活力」という意味をもっています。つまり、ことばは理解されたとき、すなわち、コミュニケーションが成立すると力になります。しかし、理解されなければ何の力にもなりません。

私たちは、共通の言語を共有していない人と出会いますと、どんなに交わりたいという意志をもっていたとしても、少し疎遠にならざるを得ません。それは意味ある情報伝達ができないからです。そうなれば、お互いに疎遠にならざるを得ません。

パウロはそれが異言のもっている問題だと言います。教会で異言が支配的になれば、教会は互いに疎遠になり、疎遠が教会を支配することになります。お互いを分裂させるのです。意味のあることばのみが、人々の間の疎遠を克服します。ことばが理解されないままならば、交わりが樹立されることはありません。

教会における異言の重視は、交わりの面でも大きな問題を孕んでいるのです。

教会を成長させるための御霊の賜物を求める

一二節がこの段落全体の結論です。

「同じようにあなたがたも、御霊の賜物を熱心に求めているのですから、教会を成長させるために、それが豊かに与えられるように求めなさい。」

「あなたがた」の部分に強調があります。つまりパウロは、コリントの信徒たちが、御霊の賜物を熱心に求めていることを認め、それ自体は決して誤りではないと言っています。御霊の賜物を求める熱心は尊いのです。ただその場合大切なのは、「教会を成長させるために、それが豊かに与えられるように求める」ことです。

教会を造り上げる賜物を求めることが大切です。逆に言えば、自分のために、自分の霊的自己満足のために、賜物を求めるのではいけません。

異言を求めるコリントの信徒たちのあり方がまさにこれでした。彼らは、教会を造り上げるために賜物を求めていたのではありません。あくまで、自分のために、自分の霊的満足のために異言を求めていました。パウロはそのような信仰のあり方を批判しています。そしてパウロが「教会を成長させるために」御霊の賜物を求めなさいと命じていることには、自分の成長ばかりを願うコリントの信徒を、そこから解放しようとの意図があります。

私たちは、自分が霊的に貧しいと感じ、とにかくまずその貧しさを神によって満たしていただこうと考えます。とても教会のことなど、と思うことがあります。自分のことで精いっぱいで、自分が満たされて、力が出てきたら教会のために仕えたいと考えます。しかし、そのような、自分が先で、その後で教会という順序は成り立ちません。自分が先だと考えているかぎり、どこまでも自分のことばかりを考え続けることになります。自分に捕らわれてしまうのです。

私たちはだれしも、自分の人生が栄光ある、意味のある、充実したものでありたいと願っています。しかし、自分のことだけを見つめ、自分のことだけを考えて生きているかぎり、それは不可能です。むしろ、他者のため、教会のために生きるとき、自分の人生は栄光あるものとなります。

パウロは他者を建て上げることこそ重要だと、この手紙で繰り返して語っています。自分の益に集中しても、自分の人生は豊かにはなりません。むしろ、他者の益、教会の益のために生きるとき、そのために賜物を求め、それを用いて生きるときに、人の人生は本当の意味で、内容のある豊かなものとなるのです。

異言という、個人的な益を追求していたコリントの信徒たちに対して、パウロは彼らの熱心を建設的な方向に向けようとしています。そして何より建設的な賜物は、六節にあったように「啓示、知識、預言、教え」であって、それは「神のことばとその教え」であると言えるでしょう。

神のことばこそが、教会を建て上げ、人を建て上げます。テモテへの手紙第二でパウロが語っているように、神のことばは「教えと戒めと矯正と義の訓練のために有益」です（三・一六）。神のことばこそが、人を正し、訓練し、健やかな者とします。それ以外のものが、人を本当の意味で健やかにすることはありません。

神のことばを本当に土台とするときにこそ、教会もそこに集うキリスト者も健やかになります。そして教会を通して、神の栄光が現されるのです。

61 知性によって語り、祈る

〈Iコリント一四・一三〜一九〉

「そういうわけで、異言で語る人は、それを解き明かすことができるように祈りなさい。もし私が異言で祈るなら、私の霊は祈りますが、私の知性は実を結びません。それでは、どうすればよいのでしょう。私は霊で祈り、知性でも祈りましょう。霊で賛美し、知性でも賛美しましょう。そうでないと、あなたが霊において賛美しても、初心者の席に着いている人は、あなたの感謝について、どうしてアーメンと言えるでしょう。あなたが言っていることが分からないのですから。あなたが感謝するのはけっこうですが、そのことでほかの人が育てられるわけではありません。私は、あなたがたのだれよりも多くの異言で語っていることを、神に感謝しています。しかし教会では、異言で一万のことばを語るよりむしろ、ほかの人たちにも教えるために、私の知性で五つのことばを語りたいと思います。」

信仰における知性の大切さ

一四章一三節から一九節は、御霊の賜物を識別する基準を提供している部分です。一三節でパウロは言います。

「そういうわけで、異言で語る人は、それを解き明かすことができるように祈りなさい。」パウロは、異言を語る人に対して、それを解き明かす賜物を祈り求めるように言いました。異言は、自分もほかの人も理解できないことばを語るものですから、その意味は分かりません。それゆえ、それが他者の助けになるためには、解き明かされなければなりません。

パウロは、異言を語る者たちが、自分たちの自己満足にとどまっていることを批判しています。御霊の賜物は、本来決して自己満足や自分の益のために与えられているのではありません。確かに異言を語る者たちは、忘我の状態を味わって、自分の満足は得ていたのでしょう。しかし聖霊の賜物は決して、本人のそのような自己満足のために与えられたのではありません。それゆえパウロは、異言の賜物をもつ者たちに、それが他者の益となるように、解釈する賜物を祈り求めるように命じています。このように、賜物の価値は、ほかの人の益となるか否かでまず測られるのです。

続いてパウロは、御霊の賜物の価値を測るもう一つの視点として、知性との関係を提示しています。一四節にこうあります。

「もし私が異言で祈るなら、私の霊は祈りますが、私の知性は実を結びません。」

異言で祈る場合、知性は実を結ばないとパウロは言います。ここで「知性」と訳されている語は、新共同訳聖書では「理性」と訳されています。そう訳すことも可能です。このことばは、人間の思考力、判断力を伴う精神生活の座としての「心」を意味していると言えます。

しかし異言で祈る場合は、通常忘我の状態になるわけですから、知性が働きません。確かに異言も御霊の賜物ですから、聖霊によるものと言えます。しかし理性や知性は関与していません。パウロはそこに問題があると言います。パウロは霊だけでなく、知性も働くことを願っています。なぜなら、知性を排除するような霊の働きは、ほかの人を、また教会を益することはないからです。

コリント教会には、信仰というものを、何か精神的・霊的高揚として理解する風潮がありました。感情的に高揚した状態が、あたかも霊的状態だと考えるような傾向です。それに対して、パウロは知性重視の立場を明らかにしています。

もちろん、信仰の世界、霊の働きを、すべて知性的判断の中に押し込めることはできません。けれども、霊の働きというのは非知性的なものではありません。異言のような霊の現れが、真に霊的なものであるというわけではありません。パウロの確信は、知性を用いないような、知性が実を結ばないような賜物では、不十分であるということです。異言で祈る者は知性を用いません。知性は眠ったままです。しかし知性で実を結ばないようなあり方は、キリスト教信仰にとって、決して健全なものではありません。

パウロは、信仰における、また信仰生活における知性や理性の正当な位置を強調しています。理性的であることは、霊的であることと対立的なのではありません。もちろんパウロは、知識だけを重視する主知主義を擁護しているのではありません。信仰の熱心、霊的な熱心が重要であるのは言うまでもありません。しかし霊的であるということは、非理性的であることを意味しているのではありません。信仰において、知性や理性というものが正しい位置をもたなければ、その人の信仰が健全に育ち、実を結ぶことは決してないのです。

私たちの信仰はどのようなものでしょうか。信仰が成長する、成熟するとはどういうことなのでしょうか。それはもちろん、いろいろな角度から説明が可能でしょう。しかしその中心にならなければならないのは、信仰の成長は「神を知ること」における成長であるということです。

信仰の成長とは、神をより深く知り、その神との交わりにより生かされることです。神を知ることの深まりなしに、信仰の成長はありません。そして神を知ることを通して、私たちはより深く自分自身を知るのです。

さらには、自分が生きることの意味を知り、生きる規範を知り、さらには神がご支配なさる世界を知り、歴史を知り、将来の希望を知る。このように信仰の成長と「知る」ことには大きな深い繋がりがあります。とりわけ、今日において神は、神のことばである聖書を通してご自身のみこころを啓示しておられます。とすれば、神のことばを正しく読むことなくして、信仰の成長はありません。そしてみことばを正しく読むことにおいて、理性や知性が大きな役割を果たすのは言うまでもありません。

もちろんその際、単なる知識偏重の主知主義に陥ってはなりません。「知ること」は「生きること」と一体でなければなりません。そうでなければ、信仰は「偽善」になります。

真の意味で「知る」者となる必要があります。そして「知る」ことなくして信仰の成熟はないのであって、そこで理性や知性が果たす役割はとても大きいのです。

ある説教者はこう言っています。「異言の間違いは、信仰によって、自分も人も見えなくなることである。」

異言は、理性や知性が働かないものですが、そのような理性抜きの信仰の熱心は、結局、自分を見失い、他者をも見失うことに繋がります。そういう種類の信仰に陥ってはなりません。

自分や他者を見失わせるようなタイプの信仰は、あるべきキリスト教信仰ではありません。真の聖書的信仰は、自分を知り、他者を知ることに繋がるものなのです。

礼拝における知性の大切さ

こうして信仰における知性の大切さを語ったパウロは、続いて、礼拝における知性の大切さを語ります。

「それでは、どうすればよいのでしょう。私は霊で祈り、知性でも祈りましょう。霊で賛美し、知性でも賛美しましょう」（一五節）。

パウロはここで、祈りも賛美も知性の下に置こうとしています。祈りと賛美は言うまでもなく公的礼拝の大切な要素です。パウロは、霊的祈りは同時に知性的祈りであり、霊的賛美は同時に知性的賛美だと考えていました。ですから、いずれにおいても、知性を働かせて、分かることばで行われる必要があります。

宗教改革者カルヴァンは、祈りにおいて知性が役割を果たさないことは大いなる悪徳であるとして次のように述べています。

「わたしたちが祈りをする場合に、なすべきことはただ、自分の考え・望みを神の御前に開陳することだけであるべきではないか。さらに、祈禱は、霊による神礼拝なのだから、祈禱がただくちびるからもれた言葉にすぎず、心の深みから出たものでないならば、それほど祈禱の本質に反するものはないではないか」（『カルヴァン 新約聖書註解Ⅷ コリント前書』三二〇～三二一頁）。

祈りは、神の御前に、心の深みから語られることばです。ただ唇から洩れたことばなどでは決してありません。生ける神の前に、責任あることばとして語られるものです。とすれば、自らの理性や知性がそこで働かないなどということはあり得ません。

また賛美についてもそうです。神賛美にとって大切なのは、賛美のことばです。歌詞の意味をあまり考えず、感情をいたずらに掻《か》き立てるような賛美はふさわしくありません。祈りにおいてと同様に、賛美においても、理性が大切な役割を担うのであり、私たちはまさに信仰をもって、知性で神を賛美するのです。

こうしてパウロは礼拝における知性や理性の大切さを示しましたが、教会で知性を重視することには、それ以外にも理由がありました。それが一六節です。

「そうでないと、あなたが霊において賛美しても、初心者の席に着いている人は、あなたの感謝について、どうしてアーメンと言えるでしょう。あなたが言っていることが分からないのですから。」

「初心者の席に着いている人」というのは、おそらくまだ洗礼を受けてはいないけれども、時々あるいは定期的に礼拝に出席している人のことと思われます。つまり「求道者」

のことです。その求道者やまた新来会者への配慮の視点からも、教会は知性を重視すべきだとパウロは言います。

パウロはここで具体的な教会の姿を描いています。異言を語る者がどんなに立派に神に対する感謝の祈りをささげても、それが理解できなければ、集まる人がアーメンと唱えることはできません。アーメンは「真にそのとおりです」という意味です。ほかの人の祈りの最後に、アーメンと唱和することで、その祈りを自分の祈りとします。しかし異言の祈りの場合、アーメンが言えません。祈りの内容が分からないからです。

求道者や新来会者への配慮の点からも、異言には問題があります。それは建徳的ではないからです。また教会にとっても異言は建徳的ではありません。

教会は、共に礼拝する群れ、共に祈る群れです。人の祈りにアーメンと唱和して、人の祈りに自らも共に加わっていく群れです。それは教会にとって、本質的に重要なことです。しかし異言の祈りはそれを破壊します。共に祈ることができない、一致できないことは、教会にとって致命的な欠陥となります。

理性による祈り、知性による祈りでなければ、人々に益をもたらすことはありません。これは個人の祈りでもそうです。私たちは祈りの中で、改めて神のことを知り、自分のことを知り、福音を知るのです。意味の分からないことばでの祈りでは、何の実りもありません。

私たちは個人の祈りにおいても、共に祈る祈りにおいても、その中で、改めて神を知り、自分を知り、そしてイエス・キリストの救いを知らされていきます。祈りこそ、神との出会いの時です。それゆえ、知性による祈りでなければ、何の益も実りももたらすことはありません。

私たちプロテスタント教会の原点である宗教改革は、礼拝改革でもありました。その礼拝改革の中心点の一つは、礼拝は理解できることばで行われるということでした。

中世末期の礼拝はそうではありませんでした。祈りも賛美も、学者のことばといわれたラテン語でなされました。それも、聖職者が会堂の前のほうで、ラテン語で祈り、賛美し、会衆はそれを後ろのほうで見ているだけでした。会衆はラテン語を全く理解しませんから、何かありがたいことがなされているだろうと、おぼろげに感じることしかできませんでした。

しかし宗教改革はそのような礼拝を変えたのです。礼拝のことばは、理解できる自国語でなされるようになりました。賛美も共に歌うようになり、祈りも意味を理解しながら共にできるようになりました。そして自国語で神のことばが朗読され、説教がなされるようになりました。つまり宗教改革によって、見ているだけで、何かありがたいものを漠然と感じるだけの礼拝から、知性で理解し、共に賛美し、共に祈る礼拝に変わったのです。まさにパウロがここで主張している礼拝の姿に回復させたと言えるでしょう。

宗教改革者たちは、共に祈ること、共に賛美することの本質的な大切さを知っていました。私たちは、共に祈り賛美することで、互いに支え合うのです。それが教会にとって、本質的に重要なことなのです。

ほかの人が育てられることを求める

それゆえパウロは一七節で次のように続けています。

「あなたが感謝するのはけっこうですが、そのことでほかの人が育てられるわけではありません。」

パウロは、教会にとって大切なのは「ほかの人が育てられること」であることを改めて明らかにしています。「ほかの人が建て上げられること」です。この視点から物事を判断していくことが大切です。

「このことはたしてほかの人を造り上げることになるのか否か」、「人を建て上げることになるか否か」。何かを判断するとき、いつもそのことを考えるのです。

パウロはここで特に祈りにおいて「ほかの人を造り上げる」ことへの配慮を求めましたが、これは祈りだけでなく、すべてのことに当てはまります。教会においてはすべてのことにおいて、「人を建て上げる」ということが、貫徹される必要があります。自分の考えの正しさに固執して、共にいる者への配慮や愛を忘れてはいけません。これが教会の大原則です。

信仰生活の一つの誘惑は、ひとりよがりになることだと思います。異言の問題もそこにありました。自分はいい気持ちになっているのですが、ほかの人のことは考えません。自分は霊的だと考えて、ほかの人は霊的でないと見下しているのです。

確かに信仰生活の中心は、神と自分との一対一の関係です。しかしそのことが、ひとりよがりの信仰を正当化するのではありません。なぜなら、神は私たちにひとりで生き、ひとりで信仰生活をするように命じてはおられないからです。むしろ隣人を愛して、共に生きるように命じておられます。

主イエスは、最も重要な掟は心を尽くして神を愛することと、隣人を自分のように愛することだと言われました。神を愛することと、隣人を愛することは切り離されません。それゆえ、自分は神だけを愛しており、人のことは知らないという論理は成り立たないのです。

コリント教会における異言問題の本質はそこにありました。ひとりよがりで神に夢中になって、ほかの人のことはどうでもよくなっている人たちがいました。しかし、パウロが言うように、私たちはいつも「ほかの人が育てられること」に心を配る必要があります。共に建て上げられることなしに、キリスト者の成熟も教会の成長もないのです。

教会における「教える」務めの大切さ

以上のようにパウロは、異言に対してかなり厳しく語ってきました。しかしパウロは異言の賜物を知らずに批判しているのではありませんでした。一八節でこう言っています。

「私は、あなたがたのだれよりも多くの異言で語っていることを、神に感謝しています。」

パウロにも異言の賜物は与えられていました。それを神に感謝していました。しかし、その賜物を誇ったり、ひとりよがりに陥ったりすることはありませんでした。パウロは、御霊の賜物はあくまでほかの人を育てること、教会を建て上げることに向けられるべきであると考えていました。それゆえ、御霊の賜物のことで教会が混乱したり、対立したりすることはあってはならないことです。

それゆえ彼は、一九節で大胆にこう語っています。

「しかし教会では、異言で一万のことばを語るよりむしろ、ほかの人たちにも教えるために、私の知性で五つのことばを語りたいと思います。」

これは異言を強調する人々への挑戦的なことばと言えます。教会では、霊的現象やそれに伴う数多くのことばよりも、人を建て上げる知性的な五つのことばのほうが重要なのです。

一九節でパウロは「ほかの人たちにも教えるために」と述べて、教会における「教える」務めの重要性を明らかにしています。ここで「教える」と訳されていることばから、「教理問答」という教会用語が生まれたと言われます。

教会は教える務めを担う群れです。それも、知性的なことばによって教えます。みことばを教えるのです。

どんなに目を惹くような、また感情に訴えるような霊的現象があったとしても、それで人が教えられて育つわけではありません。人を本当に育てるのは、知性的なことばで教えることによります。聞く人の理性に訴え、記憶の中に留まることばが語られることが、キリスト者一人ひとりにとって、また教会にとって本質的に重要です。

聖書によれば、知性的であることと、霊的であることは、一致し調和します。私たちは、理解できることばで、知性によって共に祈り、共に賛美し、共にみことばを聞き、共に学ぶのです。

そこでこそ、人は本当の意味で育てられ、建て上げられていきます。そこでこそ、キリストの教会が建て上げられていくのです。

62　大人の判断ができる教会

〈Ⅰコリント一四・二〇～二五〉

「兄弟たち、考え方において子どもになってはいけません。悪事においては幼子でありなさい。けれども、考え方においては大人になりなさい。律法にこう書かれています。

『「わたしは、異国の舌で、
異なる唇でこの民に語る。
それでも彼らは、
わたしの言うことを聞こうとはしない」
と主は言われる。』

それで異言は、信じている者たちのためではなく、信じていない者たちのためのしるしであり、預言は、信じていない者たちのためではなく、信じている者たちのためのしるしです。ですから、教会全体が一緒に集まって、皆が異言で語るなら、初心の人か信じていない人が入って来たとき、あなたがたは気が変になっていると言われることにならないでしょうか。しかし、皆が預言をするなら、信じていない人や初心の人が入って来たとき、その人は皆に誤りを指摘され、皆に問いただされ、心の秘密があらわにされます。こうして、『神が確かにあなたがたの中におられる』と言い、ひれ伏して神を拝むでしょう。」

聖められた理性の必要性

パウロは異言をことさら強調するコリントの信徒たちに対して、多くの警告や助言を与えてきました。さらにここで三つの点を挙げています。第一点が二〇節です。

「兄弟たち、考え方において子どもになってはいけません。悪事においては幼子でありなさい。けれども、考え方においては大人になりなさい。」

パウロは、異言を語ることを強調している者たちや、異言を語れたと言って喜んでいる者たちを、子どもじみていると批判しています。異言を語れるといい気になっている信徒たちに対して、幼稚な考えをやめて、大人の判断をもってもらいたいと言います。

二〇節の「考え方」とは、知的な判断、理性的分別のことです。判断力や分別という面では、通常、大人と子どもには大きな違いがあります。では、子どもの判断とは、どういうものなのでしょうか。

子どもはどうしても、表面や見えるところで判断しがちです。また、派手なものや一時的なものに興味をもちます。子どもはまだ知的な判断力、批判力をもっていません。パウロは、コリント教会において異言を強調している者たちは、こうした子どもと変わらないと言います。派手な現象ばかりに熱中している彼らの幼稚さを、皮肉交じりに批判しています。「考え方」において子どもであるとは、判断が理性的、知性的ではないということです。理性や知性というものが、信仰の中で、あるべきところに位置づけられていないということです。

信仰と理性は、対立したり、排除し合ったりするものではありません。むしろ補い合うものです。ですからパウロは一五節で、霊で祈り、知性でも祈る、また霊で賛美し、知性でも賛美すると言いました。さらに、知性によって語られることばが、教会にとって本質的に重要であることを明らかにするために、一九節では「教会では、異言で一万のことばを語るよりむしろ、ほかの人たちにも教えるために、私の知性で五つのことばを語りたいと思います」と明言しました。

理性や知性は、信仰にとって非常に重要なものです。信仰は、非理性的なものではありません。私たちキリスト者にとって大切なのは、聖められた理性をもつことです。パウロがローマ人への手紙一二章で語ったように、「神のみこころは何か、すなわち、何が良いことで、神に喜ばれ、完全であるのかを見分けるように」（二節）なることが大切です。つまり、理性や知性が聖められることが大切なのです。

けれども、コリントの信徒たちは、非理性的な信仰の熱心に走ってしまいました。パウロから言えば、それはまさに子どもじみていることであり、正されなければならないことです。

ところが、信仰というものは、ときに、こういう状態に陥る危険性をもっていると言えるでしょう。信仰の熱心が、いつのまにか、ひとりよがりな心の状態をつくり出すのです。自分の信じていることに熱中して、ほかの人のことが分からなくなる。ほかの人の気持ちや状況が見えなくなる。自分としてはとにかく熱心に信仰生活をしているつもりで、神に喜ばれていると思っているのですが、傍《はた》から見れば、とても自分勝手に生きているということも起こりうるのです。

しかしパウロははっきりと、そうした信仰のあり方からの脱却を求めています。「悪事においては幼子でありなさい。けれども、考え方においては大人になりなさい」と命じています。

悪事については、子どものように無知なのがむしろ望ましい。しかし、判断力や分別については、成熟した大人になるべきです。信仰による分別、信仰による物事の理性的判断力が必要です。

キリスト教信仰は本来、単純なものです。それゆえ、難しいことは要《い》らない、単純に信じて、シンプルにみことばを聞いて生きていけば、それで十分ではないかという意見もあります。教理とか、神学とか、教会政治とか、そのようなものはあまり必要でないという考えもあるでしょう。

確かに信仰の中心は単純です。イエス・キリストの十字架と復活です。その信仰の中核はどこまでもシンプルで明快である必要があります。

しかし、信仰はそれで終わりではありません。私たちは信仰をもってこの世を生きるのです。またこの地上にキリストの教会を建てるのです。この信仰をもって生きるということ、また現実にキリストの教会を建てるということは、それほど単純ではありません。なぜなら、私たちは信仰者として責任ある生き方をしなければならないからです。またキリストの御名にふさわしい責任ある教会形成をしなければならないからです。

シンプルな信仰があれば、あとはうまくいくというわけにはいきません。聖められた理性を働かせることがなければ、コリント教会が陥ってしまったような過ちに陥りかねません。

ですから私たちは、学んで成熟する必要があります。何よりもみことばを学ぶ必要があります。教理や神学も学ぶ必要があります。そして頭で学ぶだけではなくて、何よりもみことばを生きることによって、経験を通して成長し、成熟する必要があります。それによって初めて、信仰による判断力や分別が身についていくのです。

パウロはコリント教会の信徒たちが、異言を重視するといった、体験や感情を中心とした子どもじみた信仰のあり方から脱却することを願っています。判断力のあるキリスト者、教会になる必要があるのです。

理解できないことばは神の裁きのしるしである

異言をことさらに強調することの誤りを示すために、第二に、パウロは旧約聖書のみことばを取り上げています。二一節にこうあります。

「律法にこう書かれています。
『「わたしは、異国の舌で、
異なる唇でこの民に語る。
それでも彼らは、
わたしの言うことを聞こうとはしない」
と主は言われる。』」

これはイザヤ書二八章一一節、一二節のみことばです。北王国イスラエルの人たちは、真の神を離れ、偶像崇拝に陥り堕落しました。預言者は警告を発しましたが、人々は預言者のことばを嘲って、聞こうとはしませんでした。それゆえ神の裁きとして、北王国イスラエルはアッシリア帝国に滅ぼされました。そして多くの人たちが、アッシリアに捕囚として連れて行かれました。アッシリアの地で、彼らは異国のことばで話しかけられることになります。そのこと自体が、神の警告を聞かなかった罪に対する刑罰でした。

イザヤ書の引用にあるように、預言者の明白な警告に耳を傾けなかった不信仰に対する罰として、彼らは異なることばで語りかけられるようになりました。しかし異国のことばですから、理解できません。

パウロがこのみことばをここで引用しているのは、このアッシリア捕囚の出来事と、コリントにおける異言現象を重ね合わせているということです。つまり、コリント教会における異言には、コリント教会の人々が明白な神のことばに耳を傾けてこなかったことに対する罰という意味があるのです。

イザヤが語ったように、理解できないことばは、裁きのしるしでした。神の啓示を理解することができないという裁きの象徴です。理解できないことばが語られるのは、人々を救いから遠ざける神の裁きなのです。異言はそういう役割を担っていたのです。

それゆえパウロは二二節でこう続けています。

「それで異言は、信じている者たちのためではなく、信じていない者たちのためのしるしであり、預言は、信じていない者たちのためではなく、信じている者たちのためのしるしです。」

異言は、信じていない者のためのしるしだとパウロは言います。かつてイザヤが語ったように、理解できないことばはイスラエルの裁きのしるしであり、理解できないがゆえに、彼らは不信仰のままになりました。同じように、コリントの異言は裁きのしるしであり、理解できないがゆえに、信じていない者の心は頑なままにとどまってしまいます。こうして、まさに異言は「信じていない者のしるし」となるのです。

それに対して預言は、理解できる神のことばとして、信仰のない者を信じる者とすることができます。それゆえ「信じている者たちのためのしるし」です。しかし異言は、不信仰な者が神のことばを聞けなくなるという神の裁きを示すものなのです。

こうしてパウロは、旧約聖書から異言の意味を明らかにすることによって、異言を強調し求めることが、どれほど愚かなことであるかを示しました。理解できないことばは、個人をも教会をも益することは決してありません。

新来会者をつまずかせてはならない

異言をことさらに強調する誤りの第三の理由として、パウロは求道者や新来会者のことを取り上げています。二三節にこうあります。

「ですから、教会全体が一緒に集まって、皆が異言で語るなら、初心の人か信じていない人が入って来たとき、あなたがたは気が変になっていると言われることにならないでしょうか。」

コリントの一部の信徒たちは、教会の皆が異言を語ることが必要だと主張していました。そこでパウロは、彼らの主張どおりに、実際に教会全体がみな、異言を語っている状況を描いています。そこに求道者や新来会者が入って来たら、どうなるか。彼らは、ここは気が変になった人たちの集団だとして逃げ出します。せっかくキリスト教や教会に関心をもって、思い切って教会の門をくぐっても、そこで異言が語られ、恍惚と熱狂状態に陥っていたとしたら、「これは狂気の集団だ」と考えて二度と来なくなるのです。

求道者や新来会者が教会にやって来て、あそこは気が変になった人たちの集まりだと考えて出て行ってしまうことほど、悲しいことはありません。キリスト教とはああいうものだと考えて、もう二度と教会へは行こうとしなくなるでしょう。

当時のギリシアの多くの異教宗教も、宗教的恍惚状態になることを伴っていました。とすれば、異言が語られている教会に来た人たちは、キリスト教もそうした宗教と同じだと感じるのです。キリスト教も所詮、信者を宗教的熱狂に陥らせるような類のものだとして、救いを求めて教会にやって来た人を失望させるのです。

確かに教会は、この世のものではありません。この世に存在の源をもつ集団ではありません。教会はイエス・キリストに結びついている者の集まりです。ですから、教会は確かにこの世と違う面があって当然です。それがなければ、この世で証しはできませんし、地の塩、世と光となることもできません。しかしこの世との違いを、宗教的熱狂に求めてはなりません。非理性的であることに求めてはならないのです。

求道者や新来会者が、教会でつまずきを覚えることほど悲しいことはありません。教会は基本的に、福音自身が与えるつまずき以外のことで、人々をつまずかせてはいけないところです。この世の理性的な常識が通用しないようなところではいけません。

教会はある意味、もっとも良質な常識をもった集団でなければなりません。教会はこの世のものではない、というのはそのとおりです。しかしそれは、この世の常識が通じないところだという意味ではありません。

神のことばが語られる教会

このように異言は、求道者や新来会者を福音から遠ざけてしまいます。では、預言はどうなのでしょうか。預言は、神のことばを理解できることばで語る働きです。預言は、異言とは正反対の機能をします。二四節、二五節にこうあります。

「しかし、皆が預言をするなら、信じていない人や初心の人が入って来たとき、その人は皆に誤りを指摘され、皆に問いただされ、心の秘密があらわにされます。こうして、『神が確かにあなたがたの中におられる』と言い、ひれ伏して神を拝むでしょう。」

ここには、神のことばが語られるとき、どんな効果が発揮されるかが記されています。第一に「誤りを指摘される」ことです。神のことばを聞いた人は、聖い神の御前における自分自身と直面し、自己についての正しい判断に導かれます。そして神の御前における自己を知るというのは、自分の醜さや罪を知ることです。神のことばだけが、正しい意味での自己認識に人を導くことができます。つまり人は、自分のことは自分が一番よく分かっているのではないのです。宗教改革者カルヴァンはこう言っています。

「人の良心が無知の暗やみのうちにつつまれている間は、あたかも眠りこんでいるような・まひしているようなものであり、悪へのはげしい嫌悪をいだくこともまったくない。要するに、不信仰とは一種の惰眠状態であって、感覚を奪い去ってしまうものである」（『カルヴァン 新約聖書註解Ⅷ コリント前書』三二七頁）。

カルヴァンが言うように、生まれながらの人間の心は、闇が覆っていて、よく見えないのです。眠り込んでいて、麻痺している。それゆえ、本当の自分の姿を自分で知ることさえできないのです。

本当の自分が見えてくるのは、ただ神のことばに照らされることによります。神のことばに照らされなければ、本当の自分は分かりません。心に闇が覆い、曇っているからです。しかし、みことばの光によって初めて自分がどういう者であるかが分かります。認めたくないような自分が、本当の自分だと分かってくるのです。

神のことばの第二の働きは「心の秘密があらわにされる」ことです。神のことばは、人間の内面を探るものです。ヘブル人への手紙四章一二節にはこうあります。「神のことばは生きていて、力があり、両刃の剣よりも鋭く、たましいと霊、関節と骨髄を分けるまでに刺し貫き、心の思いやはかりごとを見分けることができます。」

それほどの鋭さによって、神のことばは人間の心を探ります。そして「隠していたこと」だけではなくて、「気づかなかったこと」さえも、神の御前に問われることを知らされます。

その結果、二五節の後半にあるように「『神が確かにあなたがたの中におられる』と言い、ひれ伏して神を拝む」ようになります。神の前にすべてがさらけ出されたとき、人にできるのは、その神の御前にひれ伏すことだけです。本当の意味で自分を知る者は、高慢を打ち倒されてへりくだるしかない。それしかできないのです。そして悔い改めて、救いを求める。キリストを求めるのです。ここで人は、神と出会い、キリストと出会うことになります。この意味で、神との出会いは、人間の一番深いところでの出会いであると言えます。

こうして、教会で聞いたみことばによって自分を知り、神を礼拝する者とされた人は、神のことばが語られている教会にこそ、神が共におられると認めるようになります。教会で礼拝されている神こそ、真の神であるとの告白に導かれます。こうして、礼拝共同体の一員に加えられていくのです。それゆえ、神のことばが教会で宣べ伝えられることが、教会にとって中心的なことです。礼拝の中心には、常に神のことばの説教がなければなりません。

パウロは二四節で、「皆が預言をするなら」と述べています。神のことばを語るのは、牧師だけの務めではありません。もちろん、牧師は公的な務めとして神のことばを語ります。その責任は重大です。しかし、では信徒はそれを聴くだけなのかといえば、そうではありません。

パウロは「皆が預言している」教会で、人々がキリストに導かれる姿を描いています。教会の者みなが、神のことばを分かち合い、語り合うならば、それを通して、人々はキリストに導かれていくのです。

語ることを牧師だけに任せてはなりません。今日、一人ひとりに聖書が与えられているのは、一人ひとりが預言者としての使命を負っているということです。一人ひとりが本気で聖書に聴き、それを分かち合って生きていくときに、教会の伝道は前進するのです。

ここに私たちの教会が目指す伝道の姿があります。神のことばがしっかり語られ、聴かれる教会。そしてみことばによって真の悔い改めが起こる教会。神の前に真にひれ伏す教会。そして、一人ひとりがみことばに聴き、それを分かち合い、伝える教会です。

教会がこうした群れとなるとき、教会は健全に前進します。その時こそ、教会に来たすべての人々が、「神が確かにあなたがたの中におられる」との告白に導かれるのです。

63 平和の神

〈Iコリント一四・二六〜三三前半〉

「それでは、兄弟たち、どうすればよいのでしょう。あなたがたが集まるときには、それぞれが賛美したり、教えたり、啓示を告げたり、異言を話したり、解き明かしたりすることができます。そのすべてのことを、成長に役立てるためにしなさい。だれかが異言で語るのであれば、二人か、多くても三人で順番に行い、一人が解き明かしをしなさい。解き明かす者がいなければ、教会では黙っていて、自分に対し、また神に対して語りなさい。預言する者たちも、二人か三人が語り、ほかの者たちはそれを吟味しなさい。席に着いている別の人に啓示が与えられたら、先に語っていた人は黙りなさい。だれでも学び、だれでも励ましが受けられるように、だれでも一人ずつ預言することができるのです。預言する者たちの霊は預言する者たちに従います。神は混乱の神ではなく、平和の神なのです。」

すべてのことを教会の成長のために

パウロは一四章で異言と預言に関する議論を展開してきましたが、その具体的結論部分が二六節から四〇節です。二六節にはこうあります。

「それでは、兄弟たち、どうすればよいのでしょう。あなたがたが集まるときには、それぞれが賛美したり、教えたり、啓示を告げたり、異言を話したり、解き明かしたりすることができます。そのすべてのことを、成長に役立てるためにしなさい。」

「それでは、兄弟たち、どうすればよいのでしょう」は、具体的結論への導入の問いかけです。二六節は、この当時の礼拝がどのような要素から成り立っていたかをうかがわせる記述です。賛美すること、教えること、啓示を告げること、異言を語ること、それを解き明かすことです。これは、私たちが入手できる礼拝についての最古の記事だとも言われています。

もっとも、これが礼拝のすべての要素というわけではありません。そこには、祈り、主の晩餐、また聖書朗読が含まれていませんが、それは当然、礼拝の要素であったはずです。

ですから、この箇所だけで当時の礼拝を再現することができるわけではありませんが、初代のキリスト者が集まって、どのように神を礼拝していたかを推測できる大切なみことばだと言えます。

「賛美したり」とありますが、新共同訳聖書は「詩編の歌をうたい」と訳しています。神賛美の中心は詩篇による賛美でした。これは旧約の時代以来、神の民に一貫していることです。

初代教会の神賛美の中心が詩篇であったことは確かです。しかし「詩篇だけ」であったかについては議論があります。コロサイ人への手紙三章一六節には、「詩と賛美と霊の歌により、感謝をもって心から神に向かって歌いなさい」とありますから、おそらく詩篇以外の讃美歌が作られ、歌われていたと思われます。しかし、いずれにせよ詩篇が神賛美の中心でした。

続く「教えること」とは、神の啓示に基づく教えですから、キリスト教教理を教えることと言えるでしょう。「啓示を告げる」とは、「預言」のことです。今日で言えば、神のことばの説教と言えます。さらに当時の礼拝では、異言を語り、解釈することも、礼拝の中で行われていました。

二六節を直訳しますと、「あなたがたが集まるとき、それぞれが詩篇をもち、教えをもち、啓示をもち、異言をもち、解釈をもっている」となります。つまり、人々が礼拝に集まるとき、それぞれが、それぞれの賜物を持ち寄って、礼拝していたということです。会衆のだれもが、礼拝に参与し、役割を担っていました。今日の礼拝以上に、各自の自主性に任されていたと言えなくもありません。

しかしそれは長所であると同時に、欠点にもなりました。というのは、各自が自分の賜物をもって自己主張し、一致が失われ、混乱に陥ることがあったからです。コリント教会がまさにそうでした。

私には賛美の賜物がある、私には教えの賜物がある、私に預言の賜物がある、私には異言の賜物があると、それぞれが礼拝の中で自己主張をしたら、混乱は避けられません。一人ひとりが積極的に礼拝に参与することはすばらしいことですが、それが混乱を招いたら元も子もありません。そのような様々な賜物をもつ人たちをいかにまとめていけばよいのか。その指導的原則とは何なのでしょうか。それが二六節の最後のことばになります。

「そのすべてのことを、成長に役立てるためにしなさい。」

口語訳聖書はここを「すべては徳を高めるためにすべきである」と訳していました。「徳を高める」と聞くと、何か自分の徳や、個人の徳を高めることを意味しているように感じますが、ここはそういう意味ではありません。むしろ「互いを建てること」「教会を建てること」を目指すようにしなさい、ということです。

礼拝において行われる一切のことは、教会を建てるために行われるべきものです。決して個人の徳を高めるためではありません。

私たちは信仰をもつことによって何を期待しているのでしょうか。私たちは礼拝に出席することによって何を期待しているのでしょうか。それは、自分の徳が高まったり、自分が豊かになるためであってはなりません。少なくとも、それが第一であってはなりません。パウロは「すべてのことを、成長に役立てるためにしなさい」と命じました。すべてのことが、互いを建てることに結びつくことを目指すのです。教会とは、キリスト者の集まりですから、互いを建てることこそが、教会を建てることです。それゆえ一切を、教会を建てることのためにすべきなのです。

礼拝においてもそれは同じです。礼拝はすべての人の賜物が集められ、互いを建て上げる時でなければなりません。ですから礼拝への出席は、傍観者や観客ではいけません。礼拝は、単なる受身で、恵みだけを与えられることを求める時ではありません。それでは、礼拝を「自分のためだけ」のものにしていることになります。そうではなくて、自分の賜物をもって礼拝に参加することによって、ほかの人が建て上げられ、ほかの人の益となることを目指すのです。そのような使命と責任を、私たちは互いに負っています。

教会においては、すべてのことを、互いを建て上げ、教会を建て上げるためにすべきです。それゆえ教会には、何よりも愛が必要とされ、また愛による秩序が必要とされます。

コリント教会では、賜物を自分のために用いる人々によって混乱が生じていました。与えられている賜物を用いることは大切です。しかしそれは、あくまで、他者を建てるため、教会を建てるためです。それが、パウロが示している大原則なのです。

理解できることばによる礼拝

二七節、二八節には、異言についての具体的な結論的指示が記されています。異言とは、自分も他人も理解できないことばで祈ったり、賛美したりすることですが、パウロはここで、教会で異言がなされる場合の条件を三つ示しています。

第一は、異言を語るのは二人か三人に限ることです。人数制限です。それ以上の人には語らせません。

第二は、一人ずつ順番に語ることです。複数の人が一斉に語ることは許されません。

第三は、その語られた異言を一人が解き明かすことです。

この三つの条件が、教会で異言を語ることが許される基本条件でした。異言は解釈されないかぎり教会の益にはなりません。解釈不能の異言や、知性を伴わない異言は無意味です。

パウロは、コリント教会で行われていた熱狂的な異言を退けます。異言は順番に一人ずつ語り、さらにそれを解釈させるのです。

これはコリント教会に対する、具体的な変化の命令でした。コリント教会ではそれまで、大勢で一斉に異言で祈るようなことが礼拝で行われていました。無秩序にそれがなされていました。しかしパウロからすれば、それは混乱の礼拝にほかなりません。パウロはそれを禁じます。

二八節でパウロは、「解き明かす者がいなければ、教会では黙っている」ように命じました。異言は確かに御霊の賜物でした。ですから、それを全面的に禁止するのではありません。家で個人的に祈るのは良いのです。しかし、礼拝の中で勝手に語るのは許されません。パウロは、霊的興奮を中心とした礼拝を明確に禁止しました。

ここでもパウロが原則としているのは、「すべてのことを、成長に役立てる」ためにすることです。解釈する人がいなければ、ほかの人を何ら益することができないのですから、その場合は異言の賜物を行使してはいけません。他者の建徳、教会の建徳こそ、物事を判断する根本原理です。

礼拝は常に、理解できるものでなければなりません。これが大原則です。ですから異言は、原則として退けられました。そして、礼拝が理解できるためには、単に民衆の使用しているこ とばが使われるというだけでなく、礼拝の中心がはっきりしている必要がありま す。たとえ日本語で説教がなされたとしても、何を言っているのかよく分からない、ということはあり得ます。

礼拝の中心には、生ける神への畏れがなければなりません。そして、イエス・キリストの福音が語られることです。福音を伝える神のことばである聖書が語られる。これを中心として、共に神をたたえ、恵み深さを味わうのです。

中心点がはっきりしている礼拝であることが大切です。そして、それが理解できることばで伝えられることが必要です。とすれば、語る側と聞く側の両方に責任があると言えるでしょう。

語る側は、神の真理の中心を明快に理解して、それを分かりやすいことばにする責任があります。また聞く側は、礼拝に座っていることで満足するのではなくて、理解を求めて傾聴する必要があります。

また神のことばの理解のためには祈りが必要です。なぜなら、神のことばの福音が、自分のこととして分かるようになるには、聖霊の導きが必要だからです。ことばとして福音を理解することと、それを自分の問題として理解することは別のことです。福音を知的に理解することと、自分のいのちに関わることとして分かるようになるのは別のことです。真の理解のためには、聖霊が心を照らしてくださることが必要です。そのためには、祈りとへりくだりをもって、みことばを聴かなければなりません。

一人ひとりが預言者となる

二九節から三二節は、預言についての具体的な結論的指示です。預言も異言と同じく、新約聖書が完結する以前の初代教会に与えられていた御霊の賜物です。パウロは教会における預言について、三つの条件をつけています。

第一の条件は、一度の礼拝では二人か三人が語ることです。人数制限です。

第二の条件は、他の者たちがそれを吟味することです。

第三の条件は、三〇節にあるように、別の人に啓示が与えられたら、先の人は黙ることです。つまり、複数の人が同時に語ることを禁じました。パウロが目指していたのは、整然とした秩序ある礼拝です。建徳的な秩序と、教育的配慮に満ちた礼拝です。それがこれらの指示の背後にあると言えます。

当時は、聖霊に満たされて直接的な啓示が与えられるということがありました。これは、聖書が完結している私たちの時代にはないことです。しかしその聖霊によって与えられたはずの啓示のことば、預言のことばを、パウロは二九節で吟味、検討するように命じています。聖霊によって語られたことばを、人間が検討することができるのでしょうか。

これについてのヒントは三二節にあります。

「預言する者たちの霊は預言する者たちに従います。」

預言者に働きかける霊は聖霊です。その聖霊が預言者の意に服するのです。つまり、預言というのは、神からの抵抗することができないような強制力によるのではありません。預言の霊によって動かされた者は、強制的に語らざるを得なくなるのではありません。預言者の意志を圧倒的な力で踏みにじって語らせることが、預言ではありません。

むしろ、本人の知性ある判断や抑制が効かないような霊の力は、聖霊によるものではありません。ギリシア宗教の霊の働きはそういうものでした。ギリシア宗教では、その霊は、預言者を強制的に恍惚状態にしました。しかし、聖霊はそうではありません。預言者は、預言する霊の働きを抑制することができるのです。これは逆に言えば、預言者の自我が預言のことばに入り込むこともあることを意味します。預言の霊を、預言者が自らの自我に従属させて語ることが起こり得ます。

ですからパウロは、預言のことばを吟味しなさい、と言うのです。検討しなさい、と言うのです。預言者であると自称する者の発言を、無批判に受け取ってはならないのです。吟味しなければならないのです。

今日は、こうした預言の働きはありません。なぜなら、神のご意向は聖書によって完結したからです。その意味で、私たちは変わることのない神のみこころを聖書によって知ることができます。本当に感謝なことです。

しかしその聖書の解釈には、それをする人間の自我が入り込む可能性があります。ですから私たちも、聖書の解き明かしや説教を無批判に受け取るのではなく、吟味できる力を身につける必要があります。

吟味するのは、特別な人だけに求められているのではありません。教会全体に求められています。宗教改革者のカルヴァンはこう言っています。

「それは、神の教えを人の中傷のままにゆだねることではない。ただ、人は、自分の前にさし出されているものが神の御言葉であるか否か、神の御言葉のおおい・名目にかくれて、人の造ったものがかつぎだされていないか、を神の御霊にてらして、とくと考量することがゆるされているだけである」（『カルヴァン 新約聖書註解Ⅷ コリント前書』三三二頁）。

検討する、吟味するというのは、いたずらに批判的になることではありません。人間の作り出したものが、神のことばに混ぜ合わされたり、それに取って代わられたりしていないか、それを見抜く力をもつということです。

ヨハネもその第一の手紙の中で「愛する者たち、霊をすべて信じてはいけません。偽預言者がたくさん世に出て来たので、その霊が神からのものかどうか、吟味しなさい」（四・一）と語り、霊的事柄を吟味することの大切さを教えました。私たちも、自らが神のことばを聞き分け、吟味する力を身につける必要があります。

三一節には、「だれでも学び、だれでも励ましが受けられるように、だれでも一人ずつ預言することができるのです」とあります。教会的秩序の中で預言がなされるときに、皆が共に学び、励まされるのです。

パウロはここでも、すべての人が従うべき基準を示していると言えるでしょう。つまり、教会にとってふさわしいのは、「だれでも学び、だれでも励ましが受けられる」ことです。

すべての人が教えと、励ましを受けることができる。それが望ましい教会の姿です。「だれでも一人ずつ預言することができるのです」とありました。聖書が与えられている今日、キリスト者はすべて預言者であると言えます。たとえことばは拙くても、イエス・キリストの福音を語ることができます。証しすることができます。それをパウロは願っています。そのことが教会で現実になるとき、共に学び、共に励まされることが現実となります。

説教者だけがみことばを語るのではありません。信じる者はみなイエス・キリストの証人です。そして一人ひとりが預言者としてみことばを語る姿勢をもつならば、教会は変わります。また礼拝も変わるでしょう。そこでこそ霊的な成熟が現実となるのです。

平和の神

三三節が議論の結論です。

「神は混乱の神ではなく、平和の神なのです。」

神は無秩序の神ではありません。騒乱や混乱は神とは無関係であり、無秩序な礼拝は神のみこころにかないません。

神は平和の神です。平和とは神の国の特徴です。そこには秩序があり、平安と喜びがあります。神こそ、そのような平和をつくり出してくださる神です。

教会がそのような真の平和の場となること、また礼拝が平和と平安の時となること、それが聖書の教えであり、神のみこころです。

パウロは、平和な教会、平和な礼拝の実現のために、具体的命令をしました。その命令の背後にあった原則が、「すべてのことを、成長に役立てるためにしなさい」（二六節）でした。私たちもこの原則を心に刻みたいと願います。

カルヴァンは、キリストの真のしもべを見分けるためのしるしは、「その人たちが平和と一致を愛する人であるかどうか、また、おだやかに事を行い、できるかぎり争いをさけようとする人であるかどうか」だと述べています（『カルヴァン　新約聖書註解Ⅷ　コリント前書』三三四頁）。

私たちは罪人であり、罪こそ争いと不一致の根本原因です。しかし、神は平和の神であり、私たちの罪の性質を覆って、私たちを平和の人に造り変えてくださいます。

真に御霊に満たされるならば、個人も教会も真の平和と平安に満たされます。その約束を信じて、共に主に従って行きましょう。

64　すべてを適切に、秩序正しく

〈Ⅰコリント一四・三三後半～四〇〉

「聖徒たちのすべての教会で行われているように、女の人は教会では黙っていなさい。彼女たちは語ることを許されていません。律法も言っているように、従いなさい。もし何かを知りたければ、家で自分の夫に尋ねなさい。教会で語ることは、女の人にとって恥ずかしいことなのです。神のことばは、あなたがたのところから出たのでしょうか。あるいは、あなたがたにだけ伝わったのでしょうか。

だれかが自分を預言者、あるいは御霊の人と思っているなら、その人は、私があなたがたに書くことが主の命令であることを認めなさい。それを無視する人がいるなら、その人は無視されます。

ですから、私の兄弟たち、預言することを熱心に求めなさい。また、異言で語ることを禁じてはいけません。ただ、すべてのことを適切に、秩序正しく行いなさい。」

礼拝の秩序を保つために

一二章から論じられてきた霊的な賜物についての議論の最後の部分となります。この部分は大きく二つに分けられます。三六節までの前半は教会における女性のことについて、後半は一四章全体のまとめの部分です。

前半は、様々な論争のあるみことばです。新約学者の中には、この三三節前半から三五節はこの手紙にはもともとなく、後から挿入されたと主張する人たちもいます。テモテへの手紙などの牧会書簡が書かれたころに挿入されたというのです。この考えを取る学者はかなりいますが、必ずしも説得的であるとは思えません。

そして、この手紙が最初からコリント人への手紙第一にあったと主張する人々の中でも、その解釈については様々に分かれています。この聖書の箇所を、女性が牧師や長老になれないことの証拠とみなす見解もあります。三四節にはこうあります。

「女の人は教会では黙っていなさい。彼女たちは語ることを許されていません。律法も言っているように、従いなさい。」

これを根拠に、女性は教会では黙っているべきであって、まして人の前で語ったり、教えたりしてはいけない、女性は人々を教え導く存在ではなく、従うべき存在である、だから、女性は教会で牧師や長老になってはいけない、と主張されます。保守的な神学者がみな、この見解を取っているのではありません。しかし、保守的な神学者の一部がこの考えを強く主張しています。

言うまでもありませんが、聖書は文脈に即して理解されなければなりません。また、それが書かれた教会の状況、また当時の社会の状況を抜きにして、正しく解釈することはできません。

こうした文脈や状況を考慮して考えるならば、少なくともこのみことばが、女性が牧師や長老になれないことを教えていると解釈することには無理があると言えます。女性の沈黙命令を、あらゆる時代のあらゆる教会に適用すべき、絶対不変の命令と解釈することには無理があります。

では、私たちはこの命令をどう理解すればよいのでしょうか。

パウロは一二章から霊的な賜物について論じてきました。特に一四章からは、異言と預言の問題を取り上げました。そして異言よりも預言を重視すべきことを、一節から二五節で語りました。それには様々な理由が挙げられていましたが、異言の大きな問題は、集会の秩序を乱す、礼拝を混乱させるということでした。

二六節から三三節では、話を広げて、一般的に礼拝を秩序正しく守るように説きました。その文脈の中で、女性の教会での発言のことが取り上げられています。

それゆえ問題になっているのは、礼拝における秩序を乱すような女性の発言のことでした。礼拝を混乱させる女性たちがいたのです。パウロの沈黙命令は、基本的にそのことに向けられていると考えることができます。

パウロは決して、常に、女性に対して全面的に黙っていることを命じたのではありません。この手紙の一一章五節でこう述べました。「女はだれでも祈りや預言をするとき、頭にかぶり物を着けていなかったら、自分の頭を辱めることになります。」教会の建徳のために「頭にかぶり物」を着けることが条件とされていますが、女性が公に祈ったり、預言したりすることが認められていたことが分かります。パウロは建徳的であることを条件に、女性も礼拝の中で祈り、預言することを奨励したのです。

実際、初期の教会共同体の中に、預言したり、教えたりしていたと思われる女性たちがいたことを聖書は記しています。使徒の働きには、預言する女性の存在が出てきます（二一・一七～一八、二一・九）。また、ローマ人への手紙一六章に記されているフィベという女性（一節）や、プリスカ（三節）なども、そうした働きをしていたように思えます。さらに、ピリピ人への手紙四章に出てくるユウオディアとシンティケもそうです（二節）。初代教会において、多くの女性たちが、預言の賜物を与えられて、神のことばを語っていたと考えられます。

ですからパウロの命令は、決して絶対普遍的な女性への沈黙命令ではありません。これが、女性の教会活動を制限したり、女性が教会で役職に就くのを許さなかったりする根拠にはなりません。

パウロが問題にしているのは、礼拝を混乱させる女性たちの存在でした。彼女たちは、キリスト者はすでに男女の区別を越えているとして、当時の女性としてのたしなみも無視して公に議論を交わしたのです。礼拝中に預言者や教師が語ったことに、議論を挑み、解釈を付け加えようとしました。そのような女性の行為を、パウロははっきりと禁じているのです。

このように、これらの命令の主眼点は、礼拝の規律を守るということ、礼拝の秩序を守るという点にありました。そのためパウロは、そうした女性たちに対して黙るように命じました。

しかしなぜあえて、女性に対してだけ沈黙命令が出されたのかという疑問が残らないわけではありません。それには、当時の社会的状況が関連していたと思われます。当時は明らかに男尊女卑の社会です。コリントのあったギリシアの慣習では、女性は公衆の面前でものを言うのは控えるように言われていました。

当時のギリシアでは、たしなみのある女性は、慎み深くあるべきであって、外部の者が聞いているところでは、ひとこと話すにも慎重でなければならないと言われていました。また、妻が口を利くときは、夫に対して、あるいは夫を通して、なすべきであると言われていました。そういう社会です。

また、ユダヤ教のシナゴーグでは、女性が公的に話すことは許されず、礼拝の中で何らかの役割を果たすことはありませんでした。

当時の教会は、こうした社会状況の中にありました。それゆえ教会は、できるだけ当時の社会常識とかけ離れることがないように心配りをしていたのです。もし当時、女性が教会の中で指導者のような役割を担っていれば、それはキリスト教の信頼失墜に繋がりかねませんでした。

パウロが願ったのは、人々のつまずきとなることを取り除くことでした。それが、パウロが女性に対して沈黙を命じた第二の理由だと言えるでしょう。

礼拝の秩序を保つことと、人々のつまずきを取り除くこと。それが、ここでパウロが命じている基本的なことだと言えます。

教会のひとりよがりを戒める

この関連で、具体的に命じているのが三五節です。

「もし何かを知りたければ、家で自分の夫に尋ねなさい。教会で語ることは、女の人にとって恥ずかしいことなのです。」

女性が霊の働きを受けたといって、礼拝の途中で質問を挟むことがあったようです。それは明らかに、礼拝の秩序を乱す行為でした。ですからパウロは、集会では黙って、家で夫に聞くように命じました。当時の社会状況からすれば、女性が教会の中で発言することは、恥ずべきことでした。礼拝の秩序を妨げること、また、人々のつまずきとなることは、とにかく除去される必要があるのです。

この「もし何かを知りたければ」の部分は、直訳すれば「もし学びたいことがあるならば」となります。もっと学びたいことがあるならば、家で夫に聞きなさいと命じています。つまり、学ぶこと自体や、学ぶ意欲は認められているのであって、問題は学ぶ方法でした。

当時の社会において、女性は教育が施されることがありませんでした。ユダヤ人の中には、女性を教育することは罪であるとみなす傾向さえありました。そうした背景を考えれば、女性に学ぶこと自体を認め、それを励ましている教会が、新しい女性観をもっていたのは明らかです。教会では男も女も同様に自由に学ぶものとされていました。しかし、学ぶ方法については注意が必要なのです。

コリント教会には、キリストにあって、もはや男も女もないのだから、教会では、男性と同じように女性も発言すべきだという意見がありました。社会常識がどうあろうと、また他の多くの教会がどうしていようとも、自分たちだけは新しいやり方を貫けばよいのではないか、という意見もあったようです。

しかしそういうコリント教会の意見に対して、パウロは三六節で警告を語ります。「神のことばは、あなたがたのところから出たのでしょうか。あるいは、あなたがたにだけ伝わったのでしょうか。」

パウロはコリント教会のひとりよがりを戒めています。コリント教会だけが新しいやり方を導入して、全キリスト教会の普通の習慣を捨てることに理由がないことを指摘しています。もしもコリント教会が、神のことばの源であるなら、新しい決まりの導入もあり得るでしょう。また、もし神のことばがコリント教会だけに伝えられたなら、新しいあり方を始めることもできるでしょう。しかし、実際はそのようなことはありません。神のことばがコリント教会から出たとか、神のことばがコリント教会だけに伝わったなどということはありません。コリント教会は、全キリスト教会に属する一つの枝です。ですから全体としてのキリスト教会が尊重している常識や慣習を、蔑ろにすべきではないのです。自分たちだけが、キリスト教の真理が分かっているかのような、思い上がりに陥ってはいけません。パウロは「聖徒たちのすべての教会」の慣習に、十分注意を払うように命じているのです。

このように見てきますと、三三節後半から三六節でパウロが命じていることを、次の四つにまとめることができます。

第一は礼拝の秩序を保つこと、第二は人々のつまずきを教会から取り除くこと、第三は女性の学びの姿勢を整えること、第四は教会のひとりよがりを戒めることです。

パウロは基本的に、教会が過激な仕方で物事を行うことに反対します。男尊女卑が当たり前の社会の中で、彼は、その社会状況とそれに伴う人々の感情を無視して、事を進めようとはしません。キリストにあっては男も女もないという新しい秩序の方向性は示しつつも、つまずきにならないように慎重に歩を進めます。それゆえ、今日の視点からすれば、差別的と思える表現も出てきますが、その時代の文脈からすれば、むしろ女性の地位を非常に尊重していると言えるのです。

自分を預言者・御霊の人と呼ぶ危険

後半部分の三七節から四〇節は、一四章のまとめのことばです。まずパウロは、コリント教会を混乱に陥れている者たちに対して、自らの使徒的権威によって警告を発しています。

「だれかが自分を預言者、あるいは御霊の人と思っているなら、その人は、私があなたがたに書くことが主の命令であることを認めなさい。それを無視する人がいるなら、その人は無視されます。」

コリント教会の中には、いわゆる「強いキリスト者」がいました。彼らは自分たちのことを「知恵のある者たち」「知識のある者たち」と主張していました。さらに三七節にあるように自分たちのことを「預言者」とか「御霊の人」と言っていました。

しかし実際はその彼らが、教会内で様々な問題を起こしていました。そこでパウロは、彼らに対して「本当にあなたがたが御霊の人であるならば、私の判断が主から出ていることを認めるはずだ」と言います。そして認めないならば、その人は神の霊をもたないと明言するのです。

パウロの権威は、主イエス・キリストによって与えられた使徒の権威でした。その使徒の権威こそが、教会を基礎づける権威でした。そして、その使徒の権威は、聖書の完成によって、今日は聖書の権威と考えることができます。

教会の二千年の歴史の中で、教会を混乱に陥れる人たちがたくさん登場しましたが、その多くが自らの権威を主張して、人々を惑わした人たちでした。霊の自由を主張し、新しい啓示が与えられたとして霊的権威を主張し、教会に混乱を招きました。すなわち、使徒の権威を超える権威、聖書を超える権威を、自らがもつかのように主張して、人々を惑わしたのです。

しかし三八節でパウロが言うように、使徒の権威、神のことばの権威を認めない者は、神によって認められません。三八節の「その人は無視されます」は、終末における神の裁きを意味していると言ってよいでしょう。神のことばに従わない者は、神から無視され、裁かれると警告されています。

それほどに、神の教会、とりわけ礼拝を混乱させる罪は大きいのです。パウロは、秩序ある礼拝についての自分の教えは、「主の命令」であると主張し、これを侮る者は責任を負うことになると言明しました。こうしてパウロは使徒の権威に訴えて、コリントの信徒たちに警告したのです。

すべてを適正に、秩序正しく行う教会

一四章のまとめの命令が三九節と四〇節です。三九節でパウロは言いました。

「ですから、私の兄弟たち、預言することを熱心に求めなさい。また、異言で語ることを禁じてはいけません。」

パウロは一貫して、異言ではなく、預言を熱心に求めるべきであると語りました。それは預言こそが、すべての賜物のうちでもっと有益なものであるからです。

聖書が完結する以前は、神のことばはなお預言として語られることがありました。しかし、聖書が与えられている今日は、もはや預言の賜物はありません。ですから私たちは、預言の重視を命じるパウロのことばから、神のことばの重要性、教会における神のことばの中心性を聴き取る必要があります。

教会は、常に神のことばを土台としなければなりません。そして神のことばは解き明かされて、理解されなければなりません。異言を強調する人たちの信仰は、体験中心であり、感情中心でした。しかし信仰は体験や感情を土台としてはいけません。神のことばの理解が何より重要です。

信仰において、理性や知性が健全な位置をもつ必要があります。教会では、神のことばが正しく解き明かされ、理解される必要があります。さらに、神のことばが教えられ、学ばれる必要があります。神のことばによって慰めや励ましが与えられる必要があるのです。神のことばこそが個々人の信仰と教会の土台です。それがパウロの強い確信でした。

もう一つのパウロの命令が四〇節です。

「しかし、すべてのことを適切に、秩序正しく行いなさい。」

パウロは異言ではなく、預言を強調しましたが、同時に三九節で「異言で語ることを禁じてはいけません」と述べています。つまり、御霊の賜物はいずれも禁じられてはならず、むしろ教会において正しく位置づけられることが大切です。

「すべてのことを適切に」とは直訳すれば「一切を形良く」となります。つまり「美しく」ということです。礼拝には、ある美しさと秩序がなければならないということです。無秩序や混乱が礼拝を支配してはいけません。なぜなら、私たちの神は、無秩序の神ではなく、平和の神だからです。

この命令は、礼拝だけでなく、教会のすべての営みにも当てはまると言えるでしょう。教会でなされることはすべて「適切に、秩序正しく」行われる必要があります。神は私たちに自由を与えておられ、その自由の中で、私たちがみことばによる最善をなすことが求められています。

「すべてのことを適切に、秩序正しく」行う。それについて、何か客観的な尺度があるわけではありません。けれどもパウロがこれまで明らかにしてきたように、ほかの教会、またキリスト教会全体が共有している常識に心を配ることが必要です。また、時代の感覚から見た判断、またこの世から見た「恥の感覚」に敏感であることも大切です。

さらには、一三章で「はるかにまさる道」として示された「愛」によって、すべてのことが律されることも大切です。

パウロは決して、秩序のための秩序を求めたのではありません。彼がひたすら願ったのは、キリストのからだとしての教会が建て上げられることでした。真のキリストにある共同体が建て上げられることでした。そのためには、何よりも礼拝が重要です。礼拝が神のことばを土台として、秩序あるものとして、また美しさをもつものとして守られる必要があります。礼拝は決して個々人が個人的に恵まれることを追求する場ではなく、共に学び合い、励まし合い、支え合う場です。

さらに、教会がキリストのからだとして建て上げられるためには、一人ひとりの賜物が存分に生かされると同時に、それがキリストにあって秩序づけられる必要があります。

一人ひとりに様々な賜物が与えられています。賜物が与えられていない人は、だれもいません。その賜物は、自分のためだけに与えられているのではありません。それは、人に仕えるために与えられています。

賜物を共有し、共に仕え合う場が教会です。そこでこそ、一人ひとりが生かされて、同時に、教会としてのいのちも成長していきます。そのような教会を通して、イエス・キリストの栄光が現されるのです。

郵便はがき

恐縮ですが
切手を
おはりください

164-0001

東京都中野区中野 2-1-5

いのちのことば社

出版部行

ホームページアドレス　https://www.wlpm.or.jp/

お名前	フリガナ	性別	年齢	ご職業
		男・女		
ご住所	〒	Tel.　　　（　　　）		
所属（教団）教会名		牧師　伝道師　役員 神学生　CS教師　信徒　求道中 その他 該当の欄を○で囲んで下さい。		

WEBで簡単「愛読者フォーム」はこちらから！
https://www.wlpm.or.jp/pub/rd
簡単な入力で書籍へのご感想を投稿いただけます。
新刊・イベント情報を受け取れる、メールマガジンのご登録もしていただけます！

ご記入いただきました情報は、貴重なご意見として、主に今後の出版計画の参考にさせていただきます。その他、「いのちのことば社個人情報保護方針（https://www.wlpm.or.jp/about/privacy_p/）」に基づく範囲内で、各案内の発送などに利用させていただくことがあります。

いのちのことば社＊愛読者カード

本書をお買い上げいただき、ありがとうございました。
今後の出版企画の参考にさせていただきますので、
お手数ですが、ご記入の上、ご投函をお願いいたします。

書名	

お買い上げの書店名

町
市　　　　書店

この本を何でお知りになりましたか。

1. 広告　いのちのことば、百万人の福音、クリスチャン新聞、成長、マナ、
信徒の友、キリスト新聞、その他（　　　　　　　　）
2. 書店で見て　3. 小社ホームページを見て　4. SNS（　　　　　）
5. 図書目録、パンフレットを見て　6. 人にすすめられて
7. 書評を見て（　　　　　　　　）　8. プレゼントされた
9. その他（　　　　　　　　）

この本についてのご感想。今後の小社出版物についてのご希望。

◆小社ホームページ、各種広告媒体などでご意見を匿名にて掲載させていただく場合がございます。

◆愛読者カードをお送り下さったことは（　ある　初めて　）
ご協力を感謝いたします。

65　最も大切なこと

〈Ⅰコリント一五・一～五〉

「兄弟たち。私があなたがたに宣べ伝えた福音を、改めて知らせます。あなたがたはその福音を受け入れ、その福音によって立っているのです。私がどのようなことばで福音を伝えたか、あなたがたがしっかり覚えているなら、この福音によって救われます。そうでなければ、あなたがたが信じたことは無駄になってしまいます。私があなたがたに最も大切なこととして伝えたのは、私も受けたことであって、次のことです。キリストは、聖書に書いてあるとおりに、私たちの罪のために死なれたこと、また、葬られたこと、また、聖書に書いてあるとおりに、三日目によみがえられたこと、また、ケファに現れ、それから十二弟子に現れたことです。」

福音の原点に立ち返る

パウロが一五章で扱うのは、福音と信仰の根本問題です。福音の根拠に関することを扱います。

では、その福音の根拠とは何なのでしょうか。それはイエス・キリストの復活です。一五章で論じられるのは、キリストの復活についてです。キリストの復活のもつ決定的重要性をパウロはここで語っていきます。

パウロがキリストの復活の問題を取り上げたのには、もちろん理由がありました。それはコリント教会に、復活を否定する人たちがいたからです。一二節にはこうあります。

「ところで、キリストは死者の中からよみがえられたと宣べ伝えられているのに、どうして、あなたがたの中に、死者の復活はないと言う人たちがいるのですか。」

コリント教会には「死者の復活はない」と主張している者たちがいました。パウロはこれを黙認することはできませんでした。なぜなら、復活こそが福音の中心だからです。キリスト者がいずれ肉体の復活にあずかること、そして新しいからだによって永遠に生きることは、福音の要でした。ですから、復活を否定する主張をパウロは我慢することができないのです。

では、なぜコリント教会にそのような主張が入り込んだのでしょうか。確かなことは分かりません。ギリシアの哲学は霊を重視し、肉体を軽視しますから、その影響で「からだの復活」が迷信的なものと考えられるようになったのかもしれません。いずれにせよ、復活の問題は、パウロにとって決して曖昧にできない問題でした。それゆえ、かなり詳細に議論を展開していきます。

「兄弟たち。私があなたがたに宣べ伝えた福音を、改めて知らせます。あなたがたはその福音を受け入れ、その福音によって立っているのです」（一節）。

パウロは復活の問題を論じるにあたり、改めて福音を知らせると言います。まず彼らに、パウロがかつて宣べ伝えた福音を思い出させるのです。

コリントの信徒たちの福音との出会い方は、基本的に正しいものでした。彼らはパウロから福音を聞いたとき、ただ単にそれを理解しただけでなく、自分のものとして受け入れました。真理として受け入れました。

さらに一節には「その福音によって立っている」とあります。福音の中に立っている、ということです。福音を拠りどころとして立っているということです。福音を生きていることの土台としている。そういう福音の受け入れ方を、コリントの信徒たちはしたのです。

それゆえパウロは、その原点を思い起こさせようとしています。新しいことを追い求めるのではなく、原点に立ち返ることが大切なのです。

パウロは、もう一度改めて福音を知らせると言います。パウロが今一度、福音を知らせなければならないのは、コリント教会の信徒たちが福音の原点を忘れかけていたからです。福音の把握が曖昧になっていたからです。

福音の把握が曖昧であれば、様々な誤った教えに惑わされることが起こります。当時のギリシア世界に支配的であった宗教観や世界観の影響をまともに受けるのです。自らの立場が曖昧であれば、それらと対峙することはできません。むしろ、それに呑み込まれてしまいます。そうなれば、福音が歪んでいかざるを得ません。福音が歪んでいけば、福音を土台とする生き方が歪んでいきます。そういう事態がコリント教会の中で起こっていました。ですからパウロは、改めて厳粛に福音を告げると言うのです。

無駄にならない信仰に生きる

このことからも分かるように、福音は繰り返して聞かなければならないものです。私たちは、もう繰り返して聞かなくても十分だと言えるほど、福音を知っているわけではありません。

パウロが二節で「私がどのようなことばで福音を伝えたか、あなたがたがしっかり覚えているなら」と言っているように、私たちは告げ知らされた福音を聞いて、それを覚えて生きる必要があります。しかし、私たちはなかなか覚えて生きることができません。

朝の説教を聞いて、はたして今晩、その内容をはっきりと思い出すことができるでしょうか。一晩寝て、明日になればどうでしょうか。どんどん忘れていくのです。

ですから福音は、繰り返して宣べ伝えられ、聞かれる必要があります。福音は一度聞いて受け入れれば、それで終わりというものではありません。繰り返して聞き続ける必要があります。そして聞くだけでなく、その都度それを自分のこととして受け入れ、自らの生の土台として確認することが大切です。

パウロはここで、福音が何を成し遂げることができるかを明言しています。それは二節にあるように、福音は人を救うことができるということです。福音は救いをもたらすための手段です。

「あなたがたがしっかり覚えているなら、この福音によって救われます」とあるように、神は福音によって罪人を救われます。パウロはローマ人への手紙一章で「福音は、ユダヤ人をはじめギリシア人にも、信じるすべての人に救いをもたらす神の力」だと述べました（一六節）。またコリント人への手紙第一の一章でも、「十字架のことばは、滅びる者たちには愚かであっても、救われる私たちには神の力です」と述べています（一八節）。

十字架のことば、まさに福音こそが、罪人に救いをもたらす神の力です。神は福音によって、罪人を救うことを計画されました。そしてパウロが「信じるすべての人に救いをもたらす神の力」と述べたように、救いのためには福音を信じることが求められます。イエス・キリストの福音を信じる者が救われるのです。

それゆえ、いかに信じるかが大切です。二節の後半には「そうでなければ、あなたがたが信じたことは無駄になってしまいます」とあります。信じたこと自体が無駄になってしまうこともあり得るのです。

無駄になる信じ方とは、どういうものなのでしょうか。ここは、信じるという動詞にエイケーという副詞が付いているのですが、この副詞は「いたずらに、無駄に、目的もなしに、熟考することなく、無造作に」という意味です。福音を信じるといっても、いたずらに、熟考することもなく、無造作に信じるのではいけません。もちろん福音の中心はシンプルです。それを素直に信じることが大切です。

けれども、素直であることは、軽率であることとは違います。福音の意味を真摯に探求する姿勢をもたないこととは違います。福音を信じる、また信じ続けるには、やはり福音が含蓄している深みを求めることや、また福音が自分に何を要求しているかを真摯に考えることが大切です。真剣に自分の問題として福音を問いながら、熟考しながら信じることが必要なのです。

熟考しながら信じるとは、要するに生けるイエス・キリストに問いながら生きるということでしょう。キリストの御前に、真実に生きたいと願うから、問わざるを得ないのです。様々な現実の中で、苦闘の中で、しかしイエス・キリストを信じて生きる。真剣にそう願うならば、考えることのない、問うことのない信仰などあり得ません。

問うことがないならば、それは「軽率な信仰」「いたずらな信仰」かもしれません。本気でイエス・キリストに信頼しようとしているのではないかもしれません。本気で主イエスに拠り頼む信仰でなければ、それはむなしい信仰です。パウロはそういう警告を述べているのです。

福音の中心としての「十字架・葬り・復活・顕現」

三節から「改めて知らせる」という福音の内容が記されます。三節前半にはこうあります。

「私があなたがたに最も大切なこととして伝えたのは、私も受けたことであって、次のことです。」

パウロは「最も大切なこと」を伝えようとしています。福音の中核です。この福音の中核がなければ、キリスト者も教会も、確かな土台をもつことはできません。

ここでまず心に留めておきたいのは、パウロはその福音の中核を、自分も受けた者としてそれを伝えていると記していることです。「私があなたがたに最も大切なこととして伝えたのは、私も受けたことであって」と言っています。パウロが宣べ伝えていた福音は、決して彼が考えて作り出したものではありません。彼は「受けたもの」を「伝えた」のです。

つまり教会は最初から、自分たちの信仰告白のことばをもっていたのです。教会は、自分たちが何を信じているかを告白していることばをもっていました。そしてその福音の告知のことばを、語り伝えていたのです。

回心したパウロもやはり、その教会の確固とした伝承を受けました。それを彼も宣べ伝えていました。そしてそれを信じるように説教していたのです。

このことから分かるように、聖書における信仰は「受けて信じる」ものです。決して、自分はこう考えると勝手に決めて、ひとりよがりで信じることではありません。それは聖書的な信仰のあり方ではありません。

教会には信仰告白があります。最初の教会から、それはありました。それが三節後半から五節のことばと言えます。キリストをこう信じているという信仰の内容です。教会はそれを受け継いできました。ですから信仰をもつというのは、この教会の信仰告白を受け入れることでもあるのです。

その福音の内容ですが、ここには四つのことが記されています。第一は「キリストは、聖書に書いてあるとおりに、私たちの罪のために死なれたこと」、すなわち十字架の死です。第二が「葬られたこと」、第三が「聖書に書いてあるとおりに、三日目によみがえられたこと」、すなわち復活です。第四が「ケファに現れ、それから十二弟子に現れたこと」、すなわち顕現です。六節以下は、その教会の伝承のことばに、パウロが続けて述べている部分だと考えられます。

第一に挙げられているのが「キリストは、私たちの罪のために死なれたこと」、すなわち十字架の死です。キリストの死は「私たちの罪のため」でした。つまり、私たちの罪を除き去り、私たちを罪から救うためでした。罪の必然的な報酬である刑罰から、私たちを救うためでした。

では、どうしてキリストの死が、私たちの罪からの救いになるのでしょうか。それは、キリストの死が身代わりの死であったからです。

キリストの死は、私たちの罪のための贖いの死でした。キリストは私たちが受けるべき罪ののろいを、身代わりとしてご自身の上に引き受けてくださいました。キリストの死は、まさに私たちの罪を拭い去るための犠牲の死であったのです。

ローマ人への手紙三章にはこうあります。

「すべての人は罪を犯して、神の栄光を受けることができず、神の恵みにより、キリスト・イエスによる贖いを通して、価なしに義と認められるからです。神はこの方を、信仰によって受けるべき、血による宥めのささげ物として公に示されました。ご自分の義を明らかにされるためです。神は忍耐をもって、これまで犯されてきた罪を見逃してこられたのです」（二三〜二五節）。

キリストは、その血によって信じる者のために罪を償う供え物となられました。私たちが救われるのは、ただこのキリストの十字架の贖いによるのです。

二番目は「葬られたこと」です。これは、キリストの死が疑問の余地のない事実であることを示します。キリストはこうして死人の中に入れられました。これが復活に対する大切な伏線となります。

第三が「三日目によみがえられたこと」です。原文の動詞は受動態ですので、直訳すれば「三日目によみがえらされた」となります。つまり、父なる神が主イエスをよみがえらせたということです。父なる神の行為が強調されています。キリストの復活は父なる神のみこころによるのであり、またキリストの十字架の死を神がよしとされたことが示されています。

そしてこの動詞は、受動態であるだけでなく、完了形で書かれています。「死なれたこと」「葬られたこと」は、過去の一回的な出来事を表す時制でした。しかしここが完了形であるということは、過去の一回的な出来事で終わったのではなく、現在まで続いていることを表します。すなわち、キリストはよみがえらされ、今も生きておられるということです。復活は単なる過去の出来事ではなく、主イエスは今も生きておられる。それは現在に続く事実だと言っているのです。

最後の第四が「ケファに現れ、それから十二弟子に現れたこと」、すなわち顕現です。復活の主は、使徒をはじめ多くの人々に出会ってくださいました。この出会いが人々を動かして、教会を形づくる基礎となります。

第一に名前を挙げられたのは、ケファすなわちペテロです。ご存じのように、主イエスが逮捕された際、ペテロは三度主を否んで、主を裏切りました。そのペテロが教会の第一人者として働けたのは、復活の主が彼と出会ってくださったからにほかなりません。そしてペテロは、ローマ皇帝ネロの時代に殉教の死を遂げたと言われます。逆さ十字架につけられて殺されたと言われます。

どうしてあの臆病者のペテロが、死に至るまで忠実に信仰に生きることができたのでしょうか。どうして、かつてはわが身可愛さのために主を裏切ったペテロが、今度は主に従って命をささげることができたのでしょうか。それはただ、復活の主がペテロと出会ってくださったということ以外に説明のしようがありません。

復活の主の顕現によって、人々は変えられました。そしてキリスト者が生まれ、教会が生まれたのです。

あなたがたはこの福音によって救われる

このように福音の中核は、イエス・キリストの十字架と葬りと復活と顕現です。三節、四節から分かるように「聖書に書いてあるとおりに」ということばが、死と復活の部分にだけ付けられています。ここで言う「聖書」は旧約聖書のことです。つまり旧約聖書は、キリストの十字架の死と復活を指し示していたということです。

イエス・キリストの十字架と復活によって、旧約聖書の預言が成就しました。これらの出来事は決して偶然起こったのではありません。旧約聖書が指し示していた事柄が成就したのです。そして、主イエスの出来事を新約聖書は伝えるのですから、旧新約聖書全体の中心はイエス・キリストの十字架と復活だと言えます。

イエス・キリストの十字架と復活が福音の中心です。それゆえ私たちに根本的に問われているのは、私たちが十字架と復活をどう受けとめているかということです。

漠然と聖書の神を信じているのでは意味がありません。何となく神の存在が分かれば、それで良いというわけでありません。中心は十字架と復活です。

そして十字架は「私たちの罪のため」のものです。ということは、自分の罪が分からなければ、十字架は分かりません。そして十字架が分からなければ、復活も分かりません。罪の赦しこそが福音の中心です。それこそが聖書の中心なのです。

聖書は確かにいろいろな角度から読むことができます。また現に、そのように読まれています。聖書やキリスト教に、いろいろな角度から関心をもつこと自体は間違いではありません。しかし、聖書の中心はあくまで十字架と復活なのです。それゆえ根本的に問われるのは、自らの罪の問題です。聖書が提供しているのは、罪の赦しとしてのキリストの御業です。これをどう受けとめるのかが問われているのです。

一五章二節で、パウロは無駄な信じ方をしないようにと言いました。無駄な信じ方とは、自分の生き方を問わないような信じ方です。自分の心の内奥で受けとめるのではなく、表面にとどまるような信仰です。本気で十字架と復活に向き合わないことです。十字架と復活の前で自分の生き方を問わないような信仰のあり方だと言えるでしょう。そういう信仰は無駄なのです。

神の永遠の御子が人となって、身代わりとなって死んでくださいました。しかし死に勝利して、復活されました。そのすべてが神の御業です。神の側の圧倒的な御業と言えるでしょう。

御子のいのちという高価な代価が払われました。他に匹敵するものがない犠牲が払われました。それはただ、私たちが滅びてほしくないという神の御思いによります。私たちを救いたいという神の愛によります。この神の御思いと御業に私たちはどう応えるのでしょうか。そのことに誠実に応えるのでなければ、自らがその結果を刈り取ることになるのは、当然だと言わなければなりません。

イエス・キリストは私たちの罪のために死に、そして復活されました。これが福音の中心です。私たちを救いたいという神のみこころと、確かな救いの御業がここにあります。

これを信じる者は、罪を赦され、死から解放されて、永遠のいのちに生きることができます。その祝福に、神は私たちを招いておられます。

パウロは「あなたがたはこの福音によって救われます」と断言しました。この福音は、私たちを救うことができる。それが神の約束なのです。

66　神の恵みは無駄にならない

〈Ⅰコリント一五・三〜一一〉

「私があなたがたに最も大切なこととして伝えたのは、私も受けたことであって、次のことです。キリストは、聖書に書いてあるとおりに、私たちの罪のために死なれたこと、また、葬られたこと、また、聖書に書いてあるとおりに、三日目によみがえられたこと、また、ケファに現れ、それから十二弟子に現れたことです。その後、キリストは五百人以上の兄弟たちに同時に現れました。その中にはすでに眠った人も何人かいますが、大多数は今なお生き残っています。その後、キリストはヤコブに現れ、それからすべての使徒たちに現れました。そして最後に、月足らずで生まれた者のような私にも現れてくださいました。私は使徒の中では最も小さい者であり、神の教会を迫害したのですから、使徒と呼ばれるに値しない者です。ところが、神の恵みによって、私は今の私になりました。そして、私に対するこの神の恵みは無駄にはならず、私はほかのすべての使徒たちよりも多く働きました。働いたのは私ではなく、私とともにあった神の恵みなのですが。とにかく、私にせよ、ほかの人たちにせよ、私たちはこのように宣べ伝えているのであり、あなたがたはこのように信じたのです。」

復活の主との出会い

パウロが一五章で取り上げているのは、イエス・キリストの復活に関することです。コリント教会の中には、キリストの復活を否定する者、そして死者の復活を否定する者たちがいました。パウロにとって、これは決して見過ごしにできない問題でした。それゆえ一五章でかなり丁寧にこの問題を扱います。

パウロは復活の問題を論じるにあたり、まず、福音の中核とは何かということを明らかにしました。福音の中核は、最初の教会から伝承されてきた信仰告白のことばでした。三節前半にあるように、パウロもそれを受けて、伝えてきたのです。ここには四つのことが記されています。

第一がキリストの十字架の死、第二が葬り、第三が復活、第四が顕現です。キリストの十字架と葬りと復活と顕現。これが福音の中心です。福音の中心は、イエス・キリストの十字架と復活であると言い換えることもできるでしょう。

教会は最初から、キリストの十字架と復活を信仰告白の中心としていました。いやむしろ、十字架と復活を信じた者の集まりが教会でした。キリストの十字架が、私の罪のための贖いであると信じ、またキリストの復活が贖いの確かさの保証であり、かつ自らの死に対する勝利の保証であること。それを信じる者がキリスト者であり、それを信じる者の集まりが教会なのです。

ですから、コリント教会の中に復活を信じない者がいることをパウロは黙認できません。そこでパウロは、教会の信仰告白伝承にことばを付け加えます。それが六節以下です。パウロは復活の証人のことを付け加え、それによってイエス・キリストの復活の事実を強調しています。

六節には「その後、キリストは五百人以上の兄弟たちに同時に現れました。その中にはすでに眠った人も何人かいますが、大多数は今なお生き残っています」とあります。

パウロはここで「大多数は今なお生き残っています」と述べ、それらの証人たちを引き合いに出すことができると言います。イエス・キリストの十字架の死と復活から二十数年経っていますが、復活の証人はなお生き残っていました。こうした証人たちが、現在も教会の中におり、いつでも彼らに聞くことができるというパウロのこの証言は重いものです。もし現実にそういう人たちがいないなら、パウロの証言は偽りとされるからです。そういう証人たちがたくさんいるという事実がなければ、決して書けないことばです。

さらに七節にはこうあります。

「その後、キリストはヤコブに現れ、それからすべての使徒たちに現れました。」

このヤコブは、主イエスのすぐ下の弟のことだと思われます。主イエスの兄弟たちは、主の宣教中は信じることがありませんでした。むしろ、兄であるイエスを取り押さえて、家に連れ戻そうと考えたほどです。ヨハネの福音書七章にははっきりと「兄弟たちもイエスを信じていなかった」（五節）と記されています。

しかし、使徒の働き一章によると、主イエスの昇天後、母マリアやイエスの兄弟たちが、弟子たちとともに祈りの交わりに加わっていたのが分かります（一四節）。とりわけヤコブは、いずれエルサレム教会の最高指導者の一人となり、六二年ごろには殉教の死を遂げたのです。

イエスを信じていなかったヤコブがなぜ教会の指導者となり、殉教の死を遂げたのでしょうか。そのように彼を変えたのはいったい何なのでしょうか。復活の主イエスとの出会いなくして、彼のこのような変化を説明することはできません。

パウロはこのように顕現のリストを追加し、主イエスの復活の重要性と確かさを示そうとしました。人々は復活の主と出会い、神の救いの業の中に加えられていきました。彼らは生きた信仰の証人となりました。そして教会が生まれました。その意味で、主イエスの顕現は教会の基礎になったと言えます。

ですから主イエスの顕現は、ただ人々が復活のイエスを見たというようなことではありません。それは主イエスとの出会いでした。その人を大きく変化させるような出会いでした。

典型的なのがペテロであり、ヤコブです。臆病な裏切り者であったペテロが、またイエスを信じていなかったヤコブが、いずれも教会の指導者となり、さらには信仰のゆえに命を奪われました。死に至るまで忠実でした。どうしてそのようなことが可能であったのでしょうか。何が彼らを変えたのでしょうか。それは復活の主が彼らに出会ってくださったこと以外に、説明のしようがないのです。

最後の使徒パウロ

パウロはこの顕現リストの最後に自分を登場させます。

「そして最後に、月足らずで生まれた者のような私にも現れてくださいました」（八節）。

パウロが念頭に置いているのは、あのダマスコ途上における主イエスとの出会いです（使徒九章）。パウロは主の教会を迫害するためにダマスコに向かっていましたが、主イエスはその彼と出会ってくださいました。パウロはそこで回心し、また使徒として召されました。

パウロは、キリストの顕現に接した最後の人として自分自身を挙げています。八節の「最後に」には、復活の主の顕現はパウロが最後という言外の意味があります。復活の体をもつ主との直接的な出会いは、パウロが最後です。それは、パウロが最後の使徒ということでもあります。

パウロが最後に自分自身のことに触れたのには、理由がありました。それはコリント教会の中に、パウロの使徒としての権威を問題とする人がいたからです。したがってパウロは、復活のキリストが顕現した人のリストの中に自分を加えて、自らが使徒であることを明らかにしているのです。

パウロは自らのことを「月足らずで生まれた者のような私」と表現しています。「月足らず」と訳されていることばは、未熟児というよりもむしろ、流産や死産を表すことばです。ですから「生まれそこないのような私」ということです。パウロはなぜそのような極端な自己卑下のことばを使ったのでしょうか。理由が九節にあります。

「私は使徒の中では最も小さい者であり、神の教会を迫害したのですから、使徒と呼ばれるに値しない者です。」

パウロは、自分はかつて教会を迫害する者であったから、使徒の中で最も小さな者、いや使徒の価値さえ全くない者だと言います。確かにパウロが使徒になった経緯は、ほかの使徒たちと大きく違います。

ほかの使徒たちは、主イエスが公生涯の初めに召して、使徒とされた者たちでした。彼らは主イエスの公生涯に伴い、一番近くで主イエスに仕え、みことばを聞き、訓練を受けた者たちでした。十字架の直前に裏切りますが、復活後、主は彼らに顕現されました。そして彼らは使徒として働き始めたのです。こうした使徒たちとパウロは大きく違います。パウロの半生は、単に主イエスに属していないというだけでなく、主に反逆することに費やされていました。彼は熱心なパリサイ派として、キリスト者たちを憎み、彼らを捕らえ、殺すことさえ厭《いと》わない者でした。キリスト教会の撲滅を本気で願い、行動していた人物です。

そのパウロに、主イエスは出会ってくださり、罪を赦し、さらには使徒として召してくださいました。確かに主イエスの罪の赦しは完全です。パウロはそれを疑うことはありません。けれどもパウロは、自分がどれほど大きな罪を赦されたか、自分に与えられた恵みがどれほど大きなものであるかを決して忘れません。いや、忘れてはいけないと思っています。ですから彼は、安易に自分のことを使徒だと名乗っているわけではありません。「自分は最も小さい者、使徒の値打ちのない者」と言わざるを得ないのです。自分の過去をいたずらに忘れているのではありません。

パウロはしばしば自らの使徒性について、強い主張をしました。自らが使徒としての権威をもっていること、そして他の使徒たちの権威と対等であることを決して譲りませんでした。しかし同時に、自らが神の教会を迫害したという罪によって、自己卑下せざるを得ないのです。彼は確かに主イエスによって、罪を赦され、使徒とされました。けれども彼が犯した罪の記憶や痛みが心から消え去ったわけではありません。ですから彼は、自分のことを「最も小さい者」「使徒と呼ばれるに値しない者」と告白せざるを得ないのです。

しかしそれは、自分のことを劣った使徒とか、中途半端な使徒だと考えていたことを意味しません。パウロは確かに、自分が無価値であるとの強い自覚をもち、さらに罪人の頭《かしら》という意識さえありました。けれどもその自覚が、彼の働きを損なうのではなく、徹底して自己の無価値を知っているがゆえに、徹底して神の召命に生きることができたのです。こんなに無価値で罪深い者が、完全に赦され、使徒に召されたとの自覚です。それゆえパウロは、ひたすらに神への感謝に生きることができたのです。

パウロは告白しています。

「ところが、神の恵みによって、私は今の私になりました」(一〇節)。

かつての教会の迫害者を、熱烈なキリストの使徒に変えたのはただ神の恵みです。それ以外の何ものでもありません。

パウロは熱狂的なユダヤ教徒でした。それゆえに、キリスト教に我慢がならず、熱烈に迫害しました。ですから、もし主なる神が彼を選び、主権的恵みによって介入されなかったならば、「今のパウロ」がないのは当然です。

神のまさに理由のない愛顧を彼は受けました。彼がなぜ選ばれて、赦されて、使徒となったのか。理由は神のみこころのうちにのみあります。決して彼が立派だったからでも、真理を求めたからでもありません。一〇〇パーセント神の恵みです。パウロはただ神の恵みによって、神の栄光のために生きる者とされたのです。

「神の恵みによって、私は今の私になりました」とパウロは言いますが、その「今の私」とは何なのでしょうか。パウロが感謝を込めてこのことばを使っているのは確かです。しかし客観的に見て、パウロは本当に幸せになったと言えるのでしょうか。キリスト者になり、使徒になったことで、パウロは幸せになったと言えるのでしょうか。この世的に言うならば、それははっきり「否」です。

パウロは使徒になったことによって、恐ろしく過酷で、厳しい生活を強いられることになりました。コリント人への手紙第二の一一章で彼は、「労苦したことはずっと多く、牢に入れられたこともずっと多く、むち打たれたことははるかに多く、死に直面したこともたびたびありました」と述べています（二三節）。想像を絶するような、厳しい生活を強いられました。この世的に言えば、彼の生涯は全く幸せではありません。しかし彼は、自らの今を、恵みの時として、祝福の時としてとらえています。つまりそれほどまでに、罪を赦された恵みと、使徒として召されたことの恵みの大きさに圧倒されていたのです。

私たちも「神の恵みによって今の私がある」者たちです。では「今の私」の何に「神の恵み」を見出しているのでしょうか。この世的な祝福を安易に「神の恵み」と考えていないでしょうか。

仮にこの世的な祝福が奪われても、「神の恵みによって今の私がある」と言えるでしょうか。それほどまでに、罪が赦されて、今生かされていることに感謝しているでしょうか。

神の恵みは無駄にならない

パウロは続けて言います。

「そして、私に対するこの神の恵みは無駄にはならず、私はほかのすべての使徒たちよりも多く働きました。働いたのは私ではなく、私とともにあった神の恵みなのですが」（一〇節後半）。

神の恵みは無駄ではなかった、とパウロは言います。神の恵みには力がある、と言います。そして自分のことを例として取り上げます。

「私はほかのすべての使徒たちよりも多く働きました」と彼は言います。パウロはだれよりも激しく働きました。そして確かに彼は、並外れて大きな働きをしました。

実際、パウロの働きは圧倒的に多くの実を結んだと言えます。その後のキリスト教会の土台を敷いたのもパウロだと言えるでしょう。彼は自らの働きについて、率直にそれを誇りに思っています。しかし自らを誇り、おごり高ぶるのではありません。パウロは言います。「働いたのは私ではなく、私とともにあった神の恵みなのです」と。

パウロは、自らがだれよりも激しく働き、実を結んだと述べますが、それで自分を誇るのではありません。自分に栄光を帰すのではありません。それはすべて神の恵みによると言います。自分を誇るのではなく、自分とともにある神の恵みを誇ります。一切は、神の恵みによることとして、神に栄光を帰すのです。

「神の恵みは無駄にならない。」パウロは実感を込めて、そう語っています。神の恵みは無駄にならず、必ず実を結びます。人間の努力と神の恵みが半々だと言っているのではありません。一部ではなく、すべてが神の恵みだと言っています。

宗教改革者カルヴァンは述べています。

「この一節こそ、まさに、人の傲岸さをくつがえすとともに、わたしたちのうちにはたらきたもう神の恵みのわざをたたえるすばらしい一節である」(『カルヴァン 新約聖書註解Ⅷ コリント前書』三四七頁)。

自分を誇る者は、自分を見失っている者です。実を結ぶのはただ神の恵みによります。その神の恵みが、私たちにも与えられています。

神にあって実を結ぶ人生を生きる

最後に二つのことを覚えたいと思います。

第一は、神の恵みの力がどれほどであるかということです。神はどういう人を用いられたのでしょうか。恐ろしい罪人を用いられました。教会を迫害するというおぞましい過去をもつ人を用いられました。そして回心の後は、自らの赦しの恵みにただ圧倒され続けた人を用いられました。ですからパウロは自らを誇りません。自分がどんな者であったか、また今も神の御前にどんな者であるかを知っていたからです。

私たちはどうでしょうか。この点において本当に不徹底ではないかと思います。私たちはどこかで自分を誇り、人と比較して一喜一憂しているのではないでしょうか。私たちはなお自分自身に期待し、「あの人よりはまし」と考えて、いい気になり、自らを慰めているのではないでしょうか。人の世界だけに生きてしまい、それに縛られているのではないでしょうか。

しかしパウロは、神の御前に生きました。神の御前に自分はどういう存在であるか、そしてその自分の希望は何であるか、それに徹底して生きました。ですから彼は「神の恵みによって今の私がある」と実感をもって語ることができたのです。

このパウロの姿は、私たち信仰者へのチャレンジです。また、神の恵みがどれほど大きいかを示す大きな慰めでもあります。

心に留めておきたいもう一つのことは、神の恵みはいたずらに与えられているのではないということです。パウロに神の恵みが与えられたのは、彼を幸せにするためではありませんでした。彼を用いて、多くの実を実らせるためでした。神のご計画がそこにありました。

同様に、神の恵みは無駄になるために、私たち一人ひとりに与えられたのではありません。神の御業のため、実を結ぶために与えられました。神はいたずらに私たちを召し、救ってくださったのではありません。その背後に、神のみこころがあります。つまり、一人ひとりが主にあって実を結ぶことが期待されているのです。

私たち自身のうちには、実を結ぶ力はありません。しかし、神の恵みにはその力があります。神に従い、ただ神に拠り頼む者は、確かに実を結びつつ豊かな人生を歩むことができます。それが神の約束なのです。

67　復活がなければ、信仰は空しい

〈Ⅰコリント一五・一二～一九〉

「ところで、キリストは死者の中からよみがえられたと宣べ伝えられているのに、どうして、あなたがたの中に、死者の復活はないと言う人たちがいるのですか。もし死者の復活がないとしたら、キリストもよみがえらなかったでしょう。そして、キリストがよみがえらなかったとしたら、私たちの宣教は空しく、あなたがたの信仰も空しいものとなります。私たちは神についての偽証人ということにさえなります。なぜなら、かりに死者がよみがえらないとしたら、神はキリストをよみがえらせなかったはずなのに、私たちは神がキリストをよみがえらせたと言って、神に逆らう証言をしたことになるからです。もし死者がよみがえらないとしたら、キリストもよみがえらなかったでしょう。そして、もしキリストがよみがえらなかったとしたら、あなたがたの信仰は空しく、あなたがたは今もなお自分の罪の中にいます。そうだとしたら、キリストにあって眠った者たちは、滅んでしまったことになります。もし私たちが、この地上のいのちにおいてのみ、キリストに望みを抱いているのなら、私たちはすべての人の中で一番哀れな者で

す。」

死者の復活とキリストの復活は切り離すことができない

コリント教会には、死者の復活などないと主張していた者たちがいました。ではどうして「死者の復活」を否定する考えが起こったのでしょうか。

二つの可能性があります。一つは、一般的なギリシア思想の影響です。ギリシアの思想では、霊魂は崇高なものですが、肉体は劣ったもの、下劣なものと考えられていました。そして、人間がこの世で生きる間は、霊魂は卑しい肉体の牢獄に繋がれているが、死の時に霊魂は解放され、神聖なものとして永遠に生きることになるという救済の思想がありました。

ギリシア思想によれば霊魂は永遠不滅です。しかし、肉体は劣ったものと考えました。その影響を受けて、キリスト者の中にも、からだの復活を否定する者が出てきたのです。

もう一つの可能性は、教会に入り込んでいた異端的教えの影響です。テモテへの手紙第二の二章一八節は「復活はすでに起こったと言って、ある人たちの信仰をくつがえして」いる人たちがいたことを伝えています。

「復活はすでに起こった」と主張して、人々を惑わす人々がいました。洗礼を受けたときに永遠のいのちにあずかり、そこですでに復活はすんだのだと主張していました。それによって、将来のからだの復活、また終末における救いの完成を否定していたのです。

コリント教会で「死者の復活」を否定していた人たちが、どのような背景でそれを主張していたのか、正確なことは分かりません。ギリシア的な思想の影響、もしくは異端的教えの影響で、キリスト者たちのからだの復活を否定していたと考えられます。

パウロはこうした教えに真正面から反論します。彼はまず一三節でこう述べています。

「もし死者の復活がないとしたら、キリストもよみがえらなかったでしょう。」

「死者の復活」を否定していたコリントの信徒たちは、キリストの復活は認めていた可能性があります。キリストは復活した、しかしそれはキリストだけのことであって、死者の復活はないという主張です。

これに対してパウロは、死者の復活とキリストの復活は切り離すことができない、一体的なものだと語ります。ここでいう死者とは、キリストを信じて眠りについた人たちを指していますが、その死者の復活とキリストの復活は、分かちがたく結びついています。つまり、死者の復活は、キリストの復活に起因します。キリストがよみがえられたのは、キリスト者の死者をよみがえらせるためです。キリストは、キリスト者が受ける祝福の源泉であり、それゆえキリストが死に勝利して復活されたゆえに、キリストに結びつくキリスト者も、死に勝利して復活することができるのです。

両者は決して切り離されません。キリストが復活されたにもかかわらず、キリスト者が復活しないということはあり得ません。キリストが復活されなかったなら、私たちの復活もないのです。

キリストが死んでよみがえられたのは、ご自身のためではなく、私たちキリスト者のためでした。ですから、キリストの復活は、私たちの復活の土台であり基礎なのです。

キリストの復活がなければ信仰も宣教も空しい

キリスト者の復活とキリストの復活は一体であり、切り離されない。これが、パウロが第一に述べたことです。では、キリストの復活を否定したらどうなるのでしょうか。彼は一四節でこう述べています。

「そして、キリストがよみがえらなかったとしたら、私たちの宣教は空しく、あなたがたの信仰も空しいものとなります。」

キリストが復活しなかったならば、宣教は空しく、それによる信仰も空しいものになります。キリストの復活がないならば、宣教には中身がないのです。それは空っぽでむなしいものです。どんなに美しく立派な箱でプレゼントされたとしても、中身は空っぽなのです。キリストの復活がなければ、福音はまがい物にすぎません。そして福音がまがい物、偽物であるなら、その福音が生み出している信仰もまた偽物にすぎません。

復活がなければ、キリスト教の教えは、空しい偽りの思想体系にすぎません。キリストの復活がなければ、キリスト教には中身はありません。

宗教改革者カルヴァンも明快に言っています。

「わたしたちは、肝に銘じておこう。福音のすべては、一にキリストの死と復活に存することを。だから、わたしたちは、福音によってしかるべき・事にかなった益を得たいと思うならば、つまり、『怠る者・実を結ばない者』〔Ⅱペテロ一・八〕でいたくないと思うならば、この点にこそとりわけ自分の思いを集中しなければならない」(『カルヴァン 新約聖書註解Ⅷ コリント前書』三四九頁)。

福音のすべては、キリストの死と復活にかかっています。それゆえ、もしキリストが復活しなかったならば、それは福音の宣教者たちにどういう意味をもつのでしょうか。一五節でパウロは言います。

「私たちは神についての偽証人ということにさえなります。なぜなら、かりに死者がよみがえらないとしたら、神はキリストをよみがえらせなかったはずなのに、私たちは神がキリストをよみがえらせたと言って、神に逆らう証言をしたことになるからです。」

キリストの復活がなければ、福音の宣教者たちは神の偽証人となります。彼らは、神はキリストを復活させたと証言していました。しかし、もしキリストの復活がないなら、彼らは偽りを語ったことになります。

これは単なる偽証ではありません。単に嘘を言うときに、神の御名を引き出したのとは違います。神が何をなさったかということを告げているのです。神がなされなかったことを、なしたと証言するなら、それは神に逆らって証しを立てたことになります。神の御名によって自分たちの偽りを覆うことは、まさに神を愚弄すること以外の何ものでもありません。それは神に対する冒瀆です。

パウロがここで明快にしているのは、次の二つに一つしかないことです。一つは実際にキリストがよみがえられたこと。そしてもう一つは、自分たちが神を愚弄する偽証人であることです。この二つに一つしかありません。

キリストがよみがえられたか、それともパウロたちが偽証をしているかです。はたして、パウロたちに、また使徒たちに、偽証をするような不正直な兆しがあったでしょうか。彼らは偽証のために、あれほどの苦難をしのいだのでしょうか。偽証のために、迫害に耐えたのでしょうか。また偽証のために、命までもささげたのでしょうか。それは、あり得ないことだと言わなければなりません。

近現代の神学者たちの中には、キリストの復活とは、亡くなった師に対する思慕のゆえに、弟子たちの心にキリストの幻が浮かんだものだと説明する者たちがいますが、そういう説明と、このパウロの明快なことばとの間には、大きな不調和があります。

使徒たちは偽証に命をかけたのでしょうか。心のうちに浮かんだ幻を復活だと言い張って、神と人を欺いて生きたのでしょうか。パウロはこれほどはっきりと、復活がなければ、自分たちは神の偽証人だと言いました。こう語りながら、なお偽証していたのでしょうか。命をかけて、人々を欺いていたのでしょうか。それはまさにあり得ないことです。

キリストの復活がなければ罪の赦しはない

パウロは、議論を宣教から個人の信仰生活に移します。一七節にはこうあります。「そして、もしキリストがよみがえらなかったとしたら、あなたがたの信仰は空しく、あなたがたは今もなお自分の罪の中にいます。」キリストの復活がなければ、信仰は無意味です。そして信仰者は、今なお罪の中にあることになります。キリストの復活がなければ、罪の赦しも、罪の刑罰からの解放もないからです。

神がイエス・キリストを復活させられたことには、イエス・キリストの十字架の贖罪の業を、神が受け入れ、肯定されたという意味があります。ローマ人への手紙四章に「主イエスは、私たちの背きの罪のゆえに死に渡され、私たちが義と認められるために、よみがえられました」(二五節) とあります。

神は、私たちが義と認められるために、イエス・キリストを復活させられました。十字架の贖いの業を肯定されました。この肯定がなければ、すべては無意味です。罪の赦しは、ただイエス・キリストの復活とともにあります。

復活がなければ、主イエスの死は、実際は何も成し遂げなかったことになります。イエスはのろいを受けて死んだ。そして義とされることはなかった。そんなイエスが、ほかの者を義とすること、罪を赦すことなどできるはずはありません。復活がなければ、キリスト者は、今なお罪の中にあることになるのです。

私たちの信仰が有益であるか、それとも空しいものであるか。その区別はどこにあるのでしょうか。それは信仰によって、罪の赦しが現実になっているか否かという点にあります。私たちは赦しの中にあるのか、それとも今もなお罪の中にあるのかです。

「罪の中にある」とは、神の怒りの下にあるということ、律法ののろいの下にあるということです。しかし、主イエスが私たちの罪のために死んで、復活されたなら、キリスト者は律法の下から恵みの下に移されています。けれども復活がなければ、それはありません。

ローマ人への手紙六章でパウロは、キリスト者はキリストとともに死に、キリストとともに復活した者だと述べています（四～一一節）。キリストの復活こそが、キリスト者の新しいいのちの根拠です。

では、復活がなければキリストを信じて死んだ人はどうなるのでしょうか。一八節でパウロは述べています。

「そうだとしたら、キリストにあって眠った者たちは、滅んでしまったことになります。」

「滅んでしまった」というのは、消え去ったという意味ではありません。永遠の刑罰の状態に入れられたということです。キリストの復活がなければ、キリスト者は律法ののろいの下にあるのであり、罪は赦されていません。それゆえ、キリストを信じて眠りについた人は、滅んだとしか言いようがないのです。

キリストの復活に賭けて生きる

一九節が段落全体の結論です。

「もし私たちが、この地上のいのちにおいてのみ、キリストに望みを抱いているのなら、私たちはすべての人の中で一番哀れな者です。」

パウロは、信仰がこの世の生に限定されていることの空しさを指摘しています。信仰による希望を、この世の生の中に閉じ込めてしまうならば、信仰は無意味です。この世の生のため、心の平安のために、信仰はあるのではありません。

確かに、キリスト者にはこの世で内面の平和や慰めが与えられます。それは過小評価されるべきではありません。しかし、もしこうしたものが、信仰がもたらす益のすべてであるならば、キリスト者とは思い違いの平安と希望に生きた、惨めな人たちにすぎません。そんな信仰であるならば、キリスト者は、キリストを知らない人たちよりも惨めです。キリスト教信仰を、単にこの世の生にとっての希望と考えるならば、キリスト者ほど惨めな人たちはいません。

イエス・キリストの復活がなければ、キリスト教信仰は、単なる勝手な思い込みにすぎません。罪が赦されたと思っていますが、実際は赦されていないのです。天国に行けると思っていますが、実際は行けないのです。こんなに惨めなことはありません。復活がなければ、まさに「私たちはすべての人の中で一番哀れな者」です。パウロは、復活がなければ、キリスト者は、イエスを信じない人たちよりもはるかに惨めだと語りました。そのとおりです。

キリスト者とは、天の御国という目標に向かって懸命に走る者たちです。賞を目指して走る者たちです。そのために、自らを節制し、ときには苦しみも引き受けて、また時間や労力もささげるのです。御国の栄冠を目指して生きるのです。しかしそれが偽りであったならば、それほど惨めなことはありません。獲得できるはずの目標が、偽りの目標であったならば、キリスト者の人生のすべては偽りに踊らされていた人生であり、こんなに惨めなことはないのです。

キリストの復活がなければ、キリスト者の希望は、この世の生の中に限定されることになります。死を打ち破る希望にはなりません。

しかしキリストは復活されました。ですからキリスト者の希望は、来るべき復活のからだによる永遠のいのちにあります。それだけが本当の希望です。

キリストの復活の力は、この世の生をはるかに超えるものです。この復活の確かさによってのみ、キリスト者のこの世の生には、確かな意味と希望があるのです。

パウロの議論は非常に明快です。キリストの復活が事実であるか否かによって、伝道者が真理の証言者であるか、それとも偽りの証言者であるかが決まるのです。キリストの復活が事実であるか否かによって、私たちキリスト者が、最も惨めな者であるか、それとも最も幸いな者であるかが決まるのです。その中間はありません。

このように、キリスト教は、キリストの復活が事実であることに土台をもっています。それが事実であるかどうかで、キリスト教は立ちも倒れもするのです。

信じる心そのものが尊いとか、大切だとか言うのではありません。信仰によって得られる平安や喜びが信仰の本質ではありません。この世の生活で、平安や喜びを得ることが信仰の本来の目的ではありません。キリストの復活の事実に基づく、罪の赦しと、復活のからだをいただいての永遠の御国の祝福。それが真の希望です。これに向かって私たちは歩んで行くのです。

パウロの力強さは、何より彼自身が復活のキリストに出会ったことによります。また彼は、復活のキリストと出会った人たちをたくさん知っていました。ですから、本当に確信をもって語っています。

パウロは、この復活のキリストに自らを賭けて生きていました。彼自身の生き方が、まさに「復活がなければ、すべての人の中で一番哀れな者」という生き方でした。

私たちはどうでしょうか。私たちはそれほどに、キリストに賭けて生きているでしょうか。中途半端に、キリストとこの世に拠り頼んでいることはないでしょうか。

主イエスは、「自分を捨て、自分の十字架を負って、わたしに従って来なさい」と言われました。また「自分のいのちを救おうと思う者はそれを失い、わたしのためにいのちを失う者はそれを見出すのです」と言われました（マタイ一六・二四〜二五）。

「自分のこの世の命」のために生きるのではなく、自分を捨て、自分の十字架を負って、キリストのために生きる。それは、この世的に見れば愚かで憐れむべきものです。キリストの復活がなければ、確かにキリスト者はこの世で最も惨めな者です。

しかし主イエス・キリストは復活されました。それゆえ、キリストに賭けて生きる者こそが、最も幸いなのです。

主は、ひたすら主を愛し、従う者に、永遠の祝福をもって臨んでくださいます。それが、聖書が約束している最大の祝福なのです。

68　キリストによる勝利

〈Ⅰコリント一五・二〇～二八〉

「しかし、今やキリストは、眠った者の初穂として死者の中からよみがえられました。死が一人の人を通して来たのですから、死者の復活も一人の人を通して来るのです。アダムにあってすべての人が死んでいるように、キリストにあってすべての人が生かされるのです。しかし、それぞれに順序があります。まず初穂であるキリスト、次にその来臨のときにキリストに属している人たちです。それから終わりが来ます。そのとき、キリストはあらゆる支配と、あらゆる権威、権力を滅ぼし、王国を父である神に渡されます。すべての敵をその足の下に置くまで、キリストは王として治めることになっているからです。最後の敵として滅ぼされるのは、死です。」

キリストは私たちの初穂である

二〇節からパウロは、復活の事実を積極的に主張し、その事実からどのような結果が生じるかを述べていきます。

「しかし、今やキリストは、眠った者の初穂として死者の中からよみがえられました。」パウロは確信をもって復活の事実を宣言します。そしてそのキリストの復活を「眠った者の初穂」だと述べます。初穂とは、最初に収穫された束のことです。レビ記二三章一〇節、一一節にあるように、イスラエルの人たちは、収穫の最初の部分を神に献げるように命じられていました。それが主に受け入れられることによって、全収穫が主に献げられたことになります。初穂を神に献げることは、その年に得られた全収穫を献げることの象徴でした。この奉献によって、そのすべてが神に受け入れられた聖いものとされます。

キリストが初穂であられるというのも、この意味です。初穂によって全収穫物が神に受け入れられ、聖いものとされたように、初穂であるキリストによって、彼に属するすべての者が、神に受け入れられ、聖いものとされます。キリストが初穂であるからこそ、キリストのうちにある者すべてが、キリストと同じ祝福にあずかるのです。

初穂であるキリストが死者の中から復活されました。それゆえ、キリストの民も死者の中から復活することができます。キリストの復活はその意味でまさに、彼の民が復活する保証であり、証拠です。この主張を基礎づけるために、パウロは二一節以下でアダムとキリストとの対比を展開します。

「死が一人の人を通して来たのですから、死者の復活も一人の人を通して来るのです。」

「死が一人の人を通して来た」というのは、アダムによって罪と死がこの世に入ったことを指します。最初の人類であるアダムは、祝福に満ちたエデンの園に住んでいました。神はそのアダムに対して「善悪の知識の木からは、食べてはならない。その木から食べるとき、あなたは必ず死ぬ」と命じられました（創世二・一七）。しかしアダムは、この神の命令を破り、神に反逆してこの木の実を食べたことによって、死がこの世界に入り込みました。

この死とは、肉体の死だけでなく、霊的な死や永遠の裁きとしての死をも含みます。神を見失い、さまよってしまう霊的な死、さらには自らの罪の当然の裁きとして、永遠の死に定められることになりました。

アダムの罪は、彼に死をもたらしました。大切なことは、それはアダム個人にだけ死をもたらしたのではなかったことです。ローマ人への手紙五章一二節には、「こういうわけで、ちょうど一人の人によって罪が世界に入り、罪によって死が入り、こうして、すべての人が罪を犯したので、死がすべての人に広がった」とあります。アダムが罪を犯したことは、彼個人に死をもたらしただけでなく、彼から生まれてくる子孫全員に死をもたらしました。

神学的なことばで言えば、アダムは契約の代表者でした。全人類の契約の代表者でした。その代表者である彼が罪を犯したため、彼によって代表されるすべての人は、その結果を身に受けることになりました。アダムの堕落とともに、全人類も堕落したのです。

大切なのは、この契約における代表性が、キリストにも当てはまることです。キリストの復活、死に対する勝利に当てはまるのです。パウロはここで「死が一人の人を通して来たのですから、死者の復活も一人の人を通して来るのです」と述べています。契約の代表者であるアダムの堕落によって、死がすべての人に及んだように、同じく契約の代表者であるキリストの復活によって、復活の命がすべてのキリストの民に及ぶのです。

キリストの復活は、ただキリストご自身だけの事柄ではありません。それはキリストに属しているすべての人々に及びます。それゆえキリストはしばしば第二のアダムとさえ呼ばれます。アダムが契約の代表者として、彼によって代表されるすべての人々に決定的影響を与えたように、イエス・キリストも契約の代表者として、彼によって代表されるすべての人々に決定的影響を与えます。

アダムによってもたらされたのは死です。しかしキリストによってもたらされたのは、死者の復活であり、死に対する勝利です。契約の代表者であるキリストによって、死に対する勝利が私たちのものとなりました。

二二節には、「アダムにあってすべての人が死んでいるように、キリストにあってすべての人が生かされるのです」とあります。アダムの堕落によって、現在もすべての人々が「死んでいる」状態、つまり死の支配下にあります。しかしローマ人への手紙五章一四節に「アダムは来たるべき方のひな型です」とあるように、アダムは来たるべき方を指し示す者でした。第二のアダムを指し示していました。それがイエス・キリストです。この「キリストにあってすべての人が生かされる」のです。

この二二節の後半部分の動詞は未来形の受身形です。ここでは将来のからだの復活、救いの完成を意味していますが、受身形によってそのすべては神の恵みによることが明らかにされています。

契約の代表者であったアダムによって死が入ったように、契約の代表者であるキリストによって、いのちが私たちのものとなりました。アダムは死の初めでしたが、キリストはいのちの初めです。

代表者であるキリストがなしたことは、合法的にキリストに属している者に適用されます。それゆえキリストは、私たちのいのちの原因であり、キリストの復活は私たちの復活の保証です。それがまさに、キリストが私たちの初穂であられるということなのです。

救いにおける「すでに」と「いまだ」の区別

こうして二〇節から二二節でパウロは、キリストの復活を確言し、初穂であるキリストが復活されたのだから、キリスト者も必ず復活すると述べました。

続いてパウロは、復活の順番について述べていきます。二三節から二四節にはこうあります。

「しかし、それぞれに順序があります。まず初穂であるキリスト、次にその来臨のときにキリストに属している人たちです。それから終わりが来ます。」

終わりの出来事の順序ですが、それには三段階あります。第一がキリストの復活。第二が、キリストの再臨の時に、キリストに属している人たちが復活すること。第三が世の終わりです。

なぜパウロは、こういう順番をあえて述べる必要があったのでしょうか。それには理由があります。それはコリント教会の中に、すでに復活は起こったと主張する人がいたことです。洗礼を受けたときに永遠のいのちにあずかって、そこですでに復活はすんだ。だから将来のからだの復活、将来の救いの完成などない、と主張していた人々がいたのです。救いにおける「今」を強調する人たちでした。救いにおける「すでに」を強調する人たちでした。しかし救いがまだ完成していないという「いまだ」の部分が、抜け落ちていました。

そこでパウロは、信仰における「すでに」と「いまだ」をはっきりと区別するために、終わりの出来事の順序を述べています。キリストの復活は「すでに」起こりました。それにともなって、キリスト者も「すでに」罪を赦され、義とされ、神の子とされ、聖霊による聖めにあずかっています。

キリスト者である私たちには、「すでに」現実となっている多くの確かな恵みがあります。それを曖昧にしてはなりません。しかし同時に、「いまだ」実現していないこともあります。それはいつ実現するのでしょうか。パウロはキリストが再び来られるときだと言います。キリストの再臨の時に、キリスト者は新しいからだに復活します。そして救いの完成に至るのです。これは将来のことであり、「いまだ」実現していないこと、待ち望むことです。

私たちの信仰にとって、このような「すでに」と「いまだ」を区別して正しく理解することが非常に重要です。キリストの復活と、キリストの再臨による救いの完成の間に、私たちは生きています。この間こそが教会の時代だと言えるでしょう。

もしも、救いがすべて「すでに」完成しているとすれば、将来に対する希望はありません。「すでに」に完成しているからです。しかし現実には、この世にはなお多くの罪と悲惨があります。キリスト者といえども、なお罪を犯し、多くの苦難を背負うでしょう。けれども「すでにすべての救いは完成している」と言われたら、こうした現実をどうとらえたらよいのでしょうか。本当の意味で、希望をもって、現実に向き合って生きることができなくなります。

また逆に、救いはすべて将来にあり、すべてが「いまだ」だとしたらどうでしょうか。

今度は、今の私たちには何の確かさもないことになります。罪の赦しもない、神の子にもされていない。すべての救いが将来だとすれば、弱い私たちは、またもや現実に向き合うことができないのではないでしょうか。

「すでに成就している事柄」と「いまだ完成していない事柄」を正しく理解すること。それが信仰生活にとって決定的に重要です。そのバランスが非常に大切です。

私たちは「すでに」救われて神の子とされています。これは神の御業ですから、揺らぐことがありません。この恵みの事実をしっかりと把握することが重要です。

しかし、私たちの救いは「いまだ」完成しているわけではありません。世界もなお、悪しき力の下にあります。ですから今の時においても、キリストの敵はなお力を振るっています。罪との戦いは、決して錯覚でも、見せかけでもありません。現実です。そしてそれゆえに、キリスト者はなお戦う必要があります。

けれどもその戦いが、永遠に続くわけではありません。キリストの再臨の時、救いの完成の時が来ます。その勝利の時を確信しながら、待ち望みながら、今の時の戦いを戦うことが、キリスト者である私たちに求められています。

今の時がどういうときであるかを明確に把握すること、それが重要です。ですからパウロは、ここでその順序を明らかにしているのです。

死に対する完全な勝利

続いてパウロは、世の終わりに何が起こるかを述べています。

「それから終わりが来ます。そのとき、キリストはあらゆる支配と、あらゆる権威、権力を滅ぼし、王国を父である神に渡されます。すべての敵をその足の下に置くまで、キリストは王として治めることになっているからです」(一二四〜一二五節)。

世の終わりに何が起こるのでしょうか。第一に、そのとき「キリストはあらゆる支配と、あらゆる権威、権力を滅ぼ」されます。この「支配」「権威」「権力」は、神に逆らうすべての敵、神に逆らうもろもろの力を表していると言えます。

キリストが再び来てくださるそのときまで、この世はなお悪の力の支配下にあります。エペソ人への手紙六章一二節に「私たちの格闘は血肉に対するものではなく、支配、力、この暗闇の世界の支配者たち、また天上にいるもろもろの悪霊に対するものです」とあるように、この世にはなお暗闇の世界の支配者がおり、悪の諸霊がいます。神に敵対する勢力が支配しています。

しかし世の終わりにキリストは、こうした神に逆らうすべての敵を滅ぼされます。神に逆らう悪の力が、キリストによって完全に打ち滅ぼされ、完膚なきまでに叩きのめされるのです。

そのうえで、キリストは「王国を父である神に渡されます」。勝利者として神のもとに帰還し、征服したものを神のもとに引き渡されるのです。これによって、救い主メシアとしての使命が完結することになります。世界は完全な意味で、神ご自身が支配される祝された地となります。神に敵するものはすべて滅ぼされるのです。そしてキリストに属する者は、キリストと同じ復活のからだをいただいて、ここで永遠に祝福のうちに生きることになります。

パウロは二六節で改めて「最後の敵として滅ぼされるのは、死です」と述べています。人間にとって最後の敵は「死」です。死というのは、肉体の死だけでなく、霊的な死また永遠の死も含みます。堕落によって、人間はこのような「死の支配下」に縛られるものになっています。

ところがイエス・キリストは、私たちをそのような死の支配から解き放ってくださいました。十字架の死と復活によって、私たちの最大の敵である死を滅ぼしてくださいました。もはや死の力がキリスト者を支配することはありません。

もっとも、この世にあってはなお、死が私たちを脅かすことがあります。確かに「すでに」私たちは、死の支配から解き放たれ、恵みの世界に生きる者とされています。「すでに」復活のいのちにあずかり、永遠のいのちを与えられています。しかし「いまだ」救いが完成しているわけではありません。ですからなお、私たちは「死」に怯えることがあります。ヘブル人への手紙では悪魔のことが「死の力を持つ者」(二・一四)と呼ばれています。それゆえ、この世になお働いている死の力や悪の力に惑わされたり、怯えたりすることがあります。

けれども、最後には、悪の力も死も完全に滅ぼされるのです。最後の勝利が、私たちキリスト者には約束されています。ヨハネの黙示録二一章は、その最後の勝利の姿を描いています。

「見よ、神の幕屋が人々とともにある。
神は人々とともに住み、人々は神の民となる。
神ご自身が彼らの神として、ともにおられる。
神は彼らの目から
涙をことごとくぬぐい取ってくださる。
もはや死はなく、
悲しみも、叫び声も、苦しみもない。
以前のものが過ぎ去ったからである」(三〜四節)。

「もはや死はなく、悲しみも、叫び声も、苦しみもない。」ここで完全に死が滅ぼされて、救いが完成するのです。

私たちキリスト者の最終的な希望はここにあります。この新天新地を目指して私たちは歩むのです。そして、この祝福を勝ち取ってくださったのがイエス・キリストの十字架と復活です。

主イエスは私たちの初穂として復活されました。死に勝利されました。それゆえ私たちも、死に勝利することができます。それが主の約束です。

私たちはこの勝利の主を信じて歩んで行きます。ここにしか確かな希望はないのです。

69　目を覚まして、身を正しなさい

〈Iコリント一五・二七～三四〉

「『神は万物をその方の足の下に従わせた』のです。しかし、万物が従わせられたと言うとき、そこには万物をキリストに従わせた方が含まれていないことは明らかです。そして、万物が御子に従うとき、御子自身も、万物をご自分に従わせてくださった方に従われます。これは、神が、すべてにおいてすべてとなられるためです。

そうでなかったら、死者のためにバプテスマを受ける人たちは、何をしようとしているのですか。死者が決してよみがえらないのなら、その人たちは、なぜ死者のためにバプテスマを受けるのですか。なぜ私たちも、絶えず危険にさらされているのでしょうか。兄弟たち。私たちの主キリスト・イエスにあって私が抱いている、あなたがたについての誇りにかけて言いますが、私は日々死んでいるのです。もし私が人間の考えからエペソで獣と戦ったのなら、何の得があったでしょう。もし死者がよみがえらないのなら、『食べたり飲んだりしようではないか。どうせ、明日は死ぬのだから』ということになります。惑わされてはいけません。『悪い交際は良い習慣を損なう』のです。目を覚まして正しい生活を送り、罪を犯さないようにしなさい。神について無知な人たちがいます。私はあなたがたを恥じ入らせるために言っているのです。」

神がすべてにおいてすべてとなられる

二六節に「最後の敵として滅ぼされるのは、死です」とあるように、救いの完成としての「新天新地」には、もはや死はありません。いのちを脅かすものはありません。苦しみも悲しみも死もありません。それが約束の御国です。

パウロはこのキリストによる最後の決定的勝利を、聖書によって確認しようとします。二七節の「神は万物をその方の足の下に従わせた」は、詩篇八篇六節の引用です。キリストによる最後の勝利の時、すべてが彼の足の下に服従します。もはや、キリストに逆らうもの、キリストの支配に属さないものは何もありません。

そのキリストの支配は、父なる神のご意志によるものです。神の意志によって、キリストによる支配がなされます。キリストは、神によって与えられた務めに従って支配するのであり、その支配はこの父なる神以外のすべてに及びます。

それゆえ二八節にはこうあります。

「そして、万物が御子に従うとき、御子自身も、万物をご自分に従わせてくださった方に従われます。これは、神が、すべてにおいてすべてとなられるためです。」父なる神のご意志によって、すべてのものが御子に服従し、そして御子も父なる神に服従されます。

キリストは私たちのために十字架の上に死んで、よみがえられました。そして再び来られて、すべての神の敵を服従させます。その御業の完成後には、万物の源であるお方に御国を完全に引き渡されます。これが完成の時です。

パウロは、その完成の時の姿を二八節で「神がすべてにおいてすべてとなられる」と表現しています。「神がすべてにおいてすべてとなられる」とは、すべてが神と調和しているということです。

神に敵対するあらゆるものが滅ぼされ、すべてのものが神を拠りどころとし、神を誇りとし、神に栄光を帰すのです。神の統治、神の国が完全なものとなります。もはや罪も死もなく、すべてのものが、神のいのちに満たされて、神のために生きることになります。

ヨハネの黙示録の二二章はこう表現しています。

「もはや、のろわれるものは何もない。神と子羊の御座が都の中にあり、神のしもべたちは神に仕え、御顔を仰ぎ見る。また、彼らの額には神の御名が記されている。もはや夜がない。神である主が彼らを照らされるので、ともしびの光も太陽の光もいらない。彼らは世々限りなく王として治める」(三～五節)。

私たちに約束されているのが、この神の御国です。今の世はなお悪魔が活動し、悪しき者たちが力を振るい、多くの苦しみがあります。私たちの心のうちにも罪による葛藤があります。

しかし、キリストが再び来られて、神のご意志によって神の敵を滅ぼし、すべてのものを支配されるのです。そして栄光の御国を実現してくださいます。

この祝福された天の御国に生きる者とするために、キリストは私たちの初穂として、十字架の上に死に、またよみがえられました。十字架と復活によって、私たちの罪を赦し、死を滅ぼし、真のいのちを与えてくださいました。

このように、終末の希望はただキリストによって与えられているのです。

死者のためのバプテスマ？

二九節から、パウロは再び、キリストの復活がなければどうなるかを述べていきます。パウロは二つの事例を挙げています。一つは洗礼に関すること。もう一つは、パウロが危険な生活を送っていることです。二九節にこうあります。

「そうでなかったら、死者のためにバプテスマを受ける人たちは、何をしようとしているのですか。死者が決してよみがえらないのなら、その人たちは、なぜ死者のためにバプテスマを受けるのですか。」

この「死者のためにバプテスマを受ける」とは何かをめぐって、多くの見解があります。一番多くの人が取っている見解は、これを死者のための代理洗礼と理解することです。つまり、洗礼を受けることなく亡くなった死者のために、生きている者がその者の救いのために代わりに洗礼を受けることです。

しかし宗教改革者カルヴァンは、この見解を真っ向から否定しています。もしパウロがここで代理洗礼のことに触れているならば、そのような洗礼の誤りを非難することなしにそれを事例にすることはあり得ない、というのがその理由です。

それゆえカルヴァンは、ここで挙げられている洗礼は通常の洗礼のことだと言います。「死者のため」というのは「すでに死んだ者とみなされ・もはやまったく生命の望みのたえた人々のため」という意味であって、そういう罪人である、本来死に値する者のためになされる、通常の洗礼のことを言っているにすぎないと言います。この見解を取ることも可能だと思います（『カルヴァン 新約聖書註解Ⅷ コリント前書』三六〇～三六一頁）。

けれども、コリント教会に代理洗礼という誤った洗礼の習慣が入り込んでいた可能性も否定できません。パウロはこうした誤った慣習になお固執している人たちを取り上げて、そんな洗礼をしても、もし死者の復活がないなら無意味ではないかと、やや皮肉交じりに言っている可能性があります。

ユダヤ教の古い文献の中には、死者のための祈りや、死者のための贖いをするという記事があります。旧約聖書の時代と新約時代の間の時代を中間時代と言いますが、その中間時代に記されたユダヤ教の文書の中にマカバイ記という歴史書があります。その中に、そうした記事があります（Ⅱマカバイ一二・四三〜四五）。ですから、ユダヤ教の一部にあったそうした習慣が、何らかの形でキリスト教会に影響を与えていた可能性がないとは言えません。

ただはっきりしていることは、一世紀の正統的な教会が、こうしたことを教会の行為として行っていたことはないということです。代理洗礼の習慣はありません。新約聖書の中に、ほかの人の身代わりとして洗礼を受けるという考えや、死者の救いのために生きている者が何かをすることができるという思想はありません。代理洗礼に関して言えば、二世紀に異端的な教会でそれを行っている記録があるのみです。

補足しておきますと、先ほど挙げたマカバイ記など、中間時代のユダヤ教文書は、新共同訳聖書では「旧約聖書続編」と呼ばれていますが、カトリック教会はそれを「第二正典」と呼んで、旧新約聖書である「正典」に準じる位置を与えています。事実上聖書のような権威を与えています。それゆえ、カトリック教会はそれを根拠に「死者のための祈り」を行っています。

しかし、プロテスタント教会はそれを聖書の一部とは認めていません。死んだ者は神のもとに行ったのであって、あとは神にゆだねるべきです。死者の救いのために、生きている者が何かをするという思想は聖書正典にはありません。

けれども、ユダヤ教の影響などによって、教会の中に誤った代理洗礼の習慣が残っていた可能性はあります。そうだとすれば、死者のためにそんなことをしても、死者の復活がないならば無意味ではないか、とパウロは皮肉を込めて言っていることになります。

キリストの復活を信じて生きる

二番目の事例は、パウロが被っている苦難です。三〇節、三一節にこうあります。

「なぜ私たちも、絶えず危険にさらされているのでしょうか。兄弟たち。私たちの主キリスト・イエスにあって私が抱いている、あなたがたについての誇りにかけて言いますが、私は日々死んでいるのです。」

パウロは福音宣教のゆえに、いつも危険に直面していました。福音のゆえに弾圧され、死に直面した生活を送っていました。「私は日々死んでいるのです」と表現するほどに、パウロの伝道者としての生活は、日々に死に接していました。彼に迫る危険は、現実的で、かつやむことがなかったのです。

パウロは、福音のゆえにそういう生活を強いられていましたが、もしキリストの復活がなかったならば、そのすべては無意味というほかはありません。死んだら終わりだとしたら、こういう危険を冒すことに何の意味があるでしょうか。何の意味もないというほかはありません。それゆえパウロは三二節でこう続けます。

「もし私が人間の考えからエペソで獣と戦ったのなら、何の得があったでしょう。」

「エペソで獣と戦った」というのが、文字どおりのことなのか、それとも比喩なのかという論争がありますが、やはりこれは比喩と考えるべきでしょう。理由としては、コリント人への手紙第二の一一章にあるパウロの苦難のリストにこれが含まれていないこと、ローマの市民権をもっていたパウロがこういう刑罰を受けることはあり得ないこと、もし本当に獣と戦う刑罰を受けたなら、生き残ることはないことなどを挙げることができます。さらに、当時の文献の中に、「獣と闘う」ということを比喩的に用いているものがあります（イグナティオス「ローマ人への手紙」五・一）。

ですから、パウロもまた比喩的に、自分の苦難がどれほどであったかを表しているのでしょう。そして、もし死者の復活がなく、人間的な動機で戦っているとしたら、そんなばかげたことはない、と言っているのです。

三二節の後半で、パウロは再び旧約聖書のことばを引用しています。「食べたり飲んだりしようではないか。どうせ、明日は死ぬのだから」の部分です。これはイザヤ書二二章一三節のギリシア語訳聖書からの引用です。

このイザヤ書のみことばの背景を見ておきます。神に反逆して罪を犯したイスラエルの人たちへの刑罰として、神はアッシリア帝国の軍隊を送り、エルサレムはこのアッシリア軍によって包囲されました。そのとき神は預言者を通して、エルサレムの民に悔い改めを呼びかけました。嘆き、悲しんで、粗布をまとって悔い改めるように呼びかけました。

エルサレムの人たちはどうしたでしょうか。イザヤ書二二章一三節にはこうあります。

「しかし、なんとおまえたちは浮かれ楽しみ、牛を殺し、羊を屠り、肉を食べ、ぶどう酒を飲んで言っている。『飲めよ。食べよ。どうせ明日は死ぬのだ』と。」

つまり、彼らは悔い改めを呼びかける神のことばを無視し、悔い改めて嘆き悲しむのではなく、「どうせ明日は死ぬのだ」と言って、過度の快楽と放蕩に走ったのです。死ねばそれで終わりだと考えて、飲み食いしたのです。

その彼らに対して万軍の主は言われました。「この咎は、おまえたちが死ぬまで決して赦されることはない」(同一四節)。

こうして彼らは、主の裁きにあいました。

パウロがこのみことばを引用したのは、死んだら終わりと考えるか否かが、その人の生き方に決定的影響を与えることを明らかにするためです。死んだら終わりなら、せめて死ぬまで楽しく、快楽的な生活をしよう、というのは一つの自然な考えです。聖書以外にも、これと似た人生訓は古代にも多くありました。

ところが、キリストは復活されたのであり、私たちは死んで終わりではありません。パウロは一四節以下で繰り返して、「キリストがもし復活しなかったならば、こうだ」という議論を展開してきました。パウロは二つに一つしかないことを強調してきました。キリストは復活されたか、されなかったか。それにともなって、私たちは死んで終わりか、それとも終わりではないのか。

もしキリストが復活しなかったならば、宣教は無駄、信仰も無駄、洗礼も無駄、信仰ゆえの苦難も無駄、そして信仰生活もすべて無駄です。毎週日曜日に教会に集まって礼拝をささげることも、献金を献げることも、奉仕することも、聖書を読むことも、祈ることもすべて無駄です。

だとすれば、復活がなく、死で終わりならば、この世で少しでも楽しく生きるほうが良いに決まっています。復活がないとすれば、そうならざるを得ません。しかし復活があるならば、すべてのことには尊い意味があります。永遠の意味があるのです。

二つに一つしかありません。中途半端はありません。パウロが私たちに問うているのは、本当に私たちは復活を信じている者として生きているのか、ということです。

アッシリア軍に包囲されたエルサレムの人たちは、死に直面したときに、神のことばを聴こうとせず、投げやりな態度を取りました。

私たちも、明日という日が分からない存在なのですから、日々に死に直面しているとも言えるでしょう。死に直面している存在として、私たちはどう生きるのでしょうか。あのエルサレムの住民のように、神のことばに耳を傾けず、神に背を向けて、死んだら終わりだという態度で生きるのでしょうか。それとも、本気で神のことばに応答し、神に向き合って生きるのでしょうか。そこがまさに人生の本当の分かれ目なのです。

ある説教者は、信仰とはキリストの復活に賭けて生きることだと言っています。神に賭けるのですから、中途半端な賭け方はできません。そしてその説教者は、神に賭けるほど確かな賭けはないと言っています。そのとおりではないでしょうか。

惑わされず、目を覚まして、復活信仰に生きる

三三節、三四節でパウロは三つの命令をしています。三つの命令形があります。第一が、「惑わされてはいけません。『悪い交際は良い習慣を損なう』のです」です。悪いつきあいによって、惑わされ、良い習慣が台無しになる場合があります。直接的には、復活を否定する者たちとのつきあいを言っていますが、もう少し広い意味に取ることもできます。

つまり、だれとつきあうかが、自らの信仰や生き方に大きな影響を与えます。人はだれと深くつきあうかで、自らの生き方が左右されます。ときにはそれに規定されます。復活

のキリストを信じている人々との交わりを本当に大切にしているかは、その人に決定的な影響を与えます。

第二の命令は、「目を覚まして正しい生活を送り」なさい、です。正気になりなさい、酔いを醒ましなさい。そして正しく認識しなさい、ということです。パウロは、復活を否定している人たちのことを、正気でない、目を覚ましていない人たちと考えています。パウロは、キリストの復活は、冷静に考えれば、十分に信じるに値することだと述べてきました。ですから、曖昧さにとどまって、そこに酔っていてはならない、正気になれ、と命じます。目を覚まして、信仰の基本に立ち戻れというのです。

第三の命令は、「罪を犯さないようにしなさい」です。正しい信仰の認識、正しい教理の理解がなければ、それはそのままその人の生活に影響します。パウロは復活を信じるか否かが、その人の生活、生き方を決定的に規定することを知っていました。正しい教理と健全な生き方は一体的に結びついているのであり、不健全な教理は必ず罪の行為に至るのです。

それゆえパウロは、キリストの十字架と復活を信じて、その信仰を貫いて生きるようにと命じています。

三四節の最後でパウロは「神について無知な人たちがいます。私はあなたがたを恥じ入らせるために言っているのです」と述べています。パウロは復活を否定する人は「神について無知な人」だと言います。信仰は一重に、ここにかかっています。

このパウロのことばは、突き放したような厳しさを感じます。復活信仰に立たないならば意味がない、そんな信仰ならやめてしまえと言わんばかりです。復活を信じているか否かが、神を信じているか否かの決定的な判断基準なのです。

私たちは、このパウロのことばの厳しさをしっかりと受けとめる必要があります。イエス・キリストの復活を信じる信仰こそが、真の信仰です。その信仰でなければ、信仰も信仰生活にも何の意味もありません。

目を覚まして、身を正して、この信仰に改めてしっかりと立ちたいと願います。復活を信じる、筋の通った信仰の歩みが求められています。それこそが、確かな祝福の道なのです。

70　復活のからだ

〈Ⅰコリント一五・三五〜四一〉

「しかし、『死者はどのようにしてよみがえるのか。どのようなからだで来るのか』と言う人がいるでしょう。愚かな人だ。あなたが蒔くものは、死ななければ生かされません。また、あなたが蒔くものは、後にできるからだではなく、麦であれ、そのほかの穀物であれ、ただの種粒です。しかし神は、みこころのままに、それにからだを与え、それぞれの種にそれ自身のからだをお与えになります。どんな肉も同じではなく、人間の肉、獣の肉、鳥の肉、魚の肉、それぞれ違います。また、天上のからだもあり、地上のからだもあり、天上のからだの輝きと地上のからだの輝きは異なり、太陽の輝き、月の輝き、星の輝き、それぞれ違います。星と星の間でも輝きが違います。」

復活した者のからだとは

パウロはここまで、主として「復活の事実」のことを論じてきました。復活の事実に希望の根拠がある。だからそこにしっかりと立つように命じました。

三五節からは、復活の事実ではなく、「復活の内容」「復活の仕方」について論じていきます。復活を否定していた者たちが出すであろう問いを取り上げて、復活の議論をさらに展開していきます。三五節にこうあります。

「しかし、『死者はどのようにしてよみがえるのか。どのようなからだで来るのか』と言う人がいるでしょう。」

ここには二つの問いがあります。

一つが「死者はどのようにしてよみがえるのか」という問いです。死者が復活するとき、いったい何が起こるのか。復活の過程、具体面についての問いです。

もう一つは「どのようなからだで来るのか」という問いです。復活した者のからだとはどういうものか。死者が復活するときの姿はどういうものか、ということです。

第一の問い、つまり「死者が復活するとき、いったい何が起こるのか」については、五〇節から五八節にパウロの答えが記されています。パウロは先に、第二の問いである「死者はどんなからだで来るのか」「復活した者のからだとはどういうものか」という問いに答えています。

復活を否定していた者たちにとって、からだの復活こそ、最も信じがたいことでした。死者の肉体が完全に腐り果ててなお、からだがよみがえるなど、ギリシア人たちにとってはおよそ信じがたいことでした。ギリシア人は基本的に、肉体を悪と見、霊魂の不滅と、死後の霊魂の解放を信じていました。その彼らにとって、からだの復活という考えは、まさに嘲笑に値するものでした。このギリシア思想の影響が、復活を否定する者たちの背後にあったと思われます。

またユダヤ人の中には、復活を、地上のからだがそのまま復元されることと考える者たちもいたようです。

このようなギリシア思想やユダヤ教の背景の中で、「復活した者のからだとはどういうものか」ということが、問われないわけにいきませんでした。からだの復活は、ギリシア人にとっても、ユダヤ人にとっても、つまずきでした。そこでパウロは予想される問いを立てて、これに答えようとしています。

復活のからだのすばらしさ

パウロは三六節でこう述べています。

「愚かな人だ。あなたが蒔くものは、死ななければ生かされません。」

「愚かな人だ」とパウロは言います。復活を疑う人をパウロは断定的に非難しています。パウロは十分に、復活の事実とその意義を論じてきました。しかし復活を否定する者たちは、さらに愚にもつかないような質問をするのです。

そこでパウロは一つの事例を挙げます。種蒔きの事例です。ここに「あなたが蒔くものは、死ななければ生かされません」とあります。種は蒔かれて、その上に土がかけられます。そして種の形は滅びます。つまり、蒔かれた種は死ぬことによって、新しい命を芽生えさせるのです。その命は、種が死ななければ出てくることはありません。

主イエスも種について、同じような比喩を語られました。ヨハネの福音書一二章二四節です。

「まことに、まことに、あなたがたに言います。一粒の麦は、地に落ちて死ななければ、一粒のままです。しかし、死ぬなら、豊かな実を結びます。」

種は蒔かれた後で種粒が腐らなければ、つまり死ななければ、何一つ新しい命が生じることはありません。死ななければ、実を結ぶことはありません。

これが人間の復活と同じだとパウロは言います。確かに、種が土に埋められるように、人も死ぬと土に埋葬されました。よく似ています。そして種粒は腐って、死んで、しかし新しい命の芽を出します。それと同じように、人も死んで、腐敗して、しかしそこから新しい命が芽ばえるのです。

種と人間の類似点は、いずれも新しい命の前には死があるということです。死ななければ、生きることはありません。

さらにパウロは、種蒔きについて次のように語ります。

「また、あなたが蒔くものは、後にできるからだではなく、麦であれ、そのほかの穀物であれ、ただの種粒です」（三七節）。

蒔かれる種は、後にできるからだ、つまり、後で種から現れ出る姿とは、大きく異なります。どんな種であっても、蒔かれた種自体は死んだようにしか見えません。しかしそこから芽が出て、茎を出し、青々とした植物となり、花を咲かせ、幹を太らせ、実をならせます。その「後の姿」は、最初に蒔かれたものとは、似ても似つかないものです。

復活のからだもそれと同じだ、とパウロは言います。私たちキリスト者に復活のからだが与えられるのは、イエス・キリストの再臨の時ですが、その復活のからだは、今の地上のからだとは比べものにならないほど栄光に満ちています。

「種」と「種から出て青々と葉を茂らせ、花を咲かせ、実を実らせる植物」との間に大きな違いがあるように、「地上のからだ」と「よみがえりのからだ」には大きな違いがあります。

種が腐ったように、人間のからだも死ねば腐ります。今日は火葬ですので、腐るプロセスが人工的に短縮されていますが、本質は同じです。

種が腐って、しかし豊かないのちを生み出すように、私たち人間のからだが腐っても、何ら新しい復活のいのちの障害にはなりません。そしてよみがえりのからだは、今私たちが生きているこの地上のからだよりも、はるかに素晴らしいのです。

パウロは種とそこから生じる植物を見て、それを悟るように言いました。種だけを見たら、それがどんな芽を出し、どんな葉を実らせ、どんな花を咲かせ、どんな実をならせるか分かりません。そのしるしを種の中に見ることはできません。しかしそのすべてが、確かにそこから生え出てきます。種が死んで、新しい命が芽生えてきます。

私たちはだれも、植物の生長した最終的な形を、種の様子から予想することはできません。同じように、私たちの現在のからだを見ることによって、将来の復活のからだ、栄光のからだを予想することはできません。そこには大きな違いがあります。徹底的な変化があると言えます。

私たちの現在の地上でのからだと、将来の復活のからだは、非連続的なものです。種とそこから生じる植物が全く違うように、今の私たちのからだと、将来の栄光のからだには、決定的な違いがあります。

小さな種が、素晴らしい葉を実らせ、花を咲かせ、実を実らせるように、私たちの今のからだがどんなにみすぼらしく小さくても、将来のからだは、栄光に満ちたすばらしいものになるのです。

現在のからだと復活のからだの連続性

種のたとえから、もう一つの側面を見ておかなければなりません。それが三八節です。「しかし神は、みこころのままに、それにからだを与え、それぞれの種にそれ自身のからだをお与えになります。」

三七節では、種とその後の植物の姿の間には連続性がなく、同様に、地上のからだと復活のからだは非連続的であると言われました。三八節では、ある意味で逆のことが言われます。つまり、非連続的ではなく、連続性があることです。

「神は、みこころのままに、それにからだを与え、それぞれの種にそれ自身のからだをお与えになります」とあります。「それ」とは「その種」のことです。ここでパウロは、それぞれの植物の姿は、やはり「その種」に神がからだを与えたことにすぎないと述べています。

つまり、「種」と「そのからだ」には連続性があるのです。その種と全く無関係に、大きくなった植物の姿があるのではありません。連続性があります。種なしに、からだがあるのではありません。

同様に、現在の地上のからだと、将来の復活のからだにも連続性があります。現在の私のからだと全く無関係にからだが与えられるのではありません。将来与えられるからだは、やはり私のからだなのです。ほかの人のからだが与えられるのではありません。

このように、現在の私たちのからだと、将来の復活のからだとの関係は、その素晴らしさという点から言えば、将来のからだは現在と全く比較にならないのですが、同時に、やはりそれは本質的に私のからだであるという連続性があるのです。

パウロはここで「神は、みこころのままに、それにからだを与え」と言っています。「みこころのままに」とは、神が望まれたままにということです。神がかくあるようにと決定されたことにしたがって、ということです。

私たちが死んで、いずれ復活のからだを与えられることは、神の決定に従ってなされることです。人間は自分の意志や願いや決意で、よみがえることができるのではありません。どのようなからだになるか、それはすべて神の決定によります。それゆえ、私たちはじばたする必要も、心配する必要もありません。神の決定によって、ただ神の恵みの御手によって、復活のからだが与えられるのです。神の力にのみ、その根拠があります。

現在の私たちのからだと、復活のからだには、連続性があると言いました。これはことばを換えて言えば、現在の私たちのからだは、復活のからだにおいて完成するということです。私たちのからだを造ってくださったのはだれでしょうか。真の神です。創世記にあるように、神はすべてのものをお造りになり、人間もお造りになりました。神が造ってくださったのですから、人間のからだは、本来、良きものです。

　この点がギリシアの思想と大きく違う点です。ギリシア思想では、物質やからだは悪しきものです。ですから、地上のからだを脱ぎ捨てることに救いを見ていました。からだから霊が解放されることが救いである、と考えていました。

　しかし聖書はそうは言いません。からだも神の創造物です。ですから良いものです。しかし堕落によって、人間にとっては重く、苦しいものになりました。罪を犯す起点にさえなりました。けれども、本来は良いものです。ですから、救いの完成の時には、当然ながら、からだをもった者として完成するのです。

　一人ひとり、神が造ってくださったからだを持っています。そのからだが、終末において完成する。神が人間を造られた際に、本来意図しておられた、完成した人間のからだが、終末において実現します。神が造ってくださった「私のからだ」が、完成した形になります。

　そこで与えられるからだは、ほかの人のからだではなく、紛れもなく「私のからだ」です。神が私を造る際に、永遠的に意図しておられたそのからだを与えられ、生きる者とされるのです。

キリスト者は天の御使いのようになる

三九節では、種と植物から肉のことに話を転じています。

「どんな肉も同じではなく、人間の肉、獣の肉、鳥の肉、魚の肉、それぞれ違います。」

肉はすべて同じ種類のものではなく、多様性があります。それゆえ、今のからだと復活のからだにも違いがあるのだ、とパウロは言います。

また四〇節、四一節は、天体のことを取り上げています。

「また、天上のからだもあり、地上のからだもあり、天上のからだの輝きと地上のからだの輝きは異なり、太陽の輝き、月の輝き、星の輝き、それぞれ違います。星と星の間でも輝きが違います。」

この「天上のからだ」とは、当時の世界観からすれば、天体のこと、星々のことを指しています。星は光の衣を着ている生命体のように語られることがありました。それゆえ、天体にからだの比喩が用いられています。

太陽、月、星々には、どれも輝きがあります。それぞれ独自の輝きであり、地上のものとは異なった輝きです。星と星の間にも輝きに違いがあります。神は宇宙に数多くのもの、それも輝きに違いがあるものを配置されました。神はそれほどの全能のお方です。

ですから、からだは一種類しかないわけではありません。カルヴァンが指摘しているように、神が私たちのからだを新しくすることなど、たやすいことです。それを示すために、異なった肉や異なった輝きがあることを、パウロは例として取り上げています。

最後に内容をまとめておきます。

第一に、いのちはからだとともにあることです。永遠のいのちは、決してからだをもたない状態にあるのではありません。ギリシア思想が言うように、霊魂がからだから解放されるのが救いではありません。聖書はからだの復活を教えています。

第二に、今の私たちのからだと、その復活のからだには連続性があります。復活の新しいからだは、今生きているからだから生じるもので、連続性をもちます。では、何歳の時のからだなのかといろいろ想像はできますが、そういうことは分かりません。

ただ「神が造ってくださった私のからだ」の完成なのですから、もっともすばらしい、もっとも美しい私のからだであると言えるでしょう。復活のからだは、今の私たちのからだと連続性をもちます。

第三は、同時に、復活のからだは今の私たちのからだとは決定的に違うことです。今のからだと復活のからだとは、同じ私でありながら、似ても似つかないほどの変化を遂げます。主イエスはマルコの福音書一二章二五節でこう言われました。

「死人の中からよみがえるときには、人はめとることも嫁ぐこともなく、天の御使いたちのようです。」

天の御使いのようになる。つまり、今のからだとは次元の違う、すばらしいからだを備えてくださるということです。

種が死んで新しい命を生み出すように、私たちも死んで、新しいからだの祝福へと向かいます。ですから、私たちキリスト者にとって、死には積極的意義があります。

今の私たちのからだには様々な重さがあり、苦しさがあります。それゆえ、現在のからだが永続するとしたら、それは必ずしも喜ばしいことではありません。しかし、聖書の約束は、栄光のからだが与えられることです。ですから、死もまた祝福へのステップと言えます。

私たちキリスト者の最大の希望はここにあります。死は栄光への入り口なのです。

71　キリストの似姿になる

〈Ⅰコリント一五・四二～四九〉

「死者の復活もこれと同じです。朽ちるもので蒔かれ、朽ちないものによみがえらされ、卑しいもので蒔かれ、栄光あるものによみがえらされ、弱いもので蒔かれ、力あるものによみがえらされ、血肉のからだで蒔かれ、御霊に属するからだによみがえらされるのです。血肉のからだがあるのですから、御霊のからだもあるのです。こう書かれています。『最初の人アダムは生きるものとなった。』しかし、最後のアダムはいのちを与える御霊となりました。最初にあったのは、御霊のものではなく血肉のものです。御霊のものは後に来るのです。第一の人は地から出て、土で造られた人ですが、第二の人は天から出た方です。土で造られた者たちはみな、この土で造られた人に似ており、天に属する者たちはみな、この天に属する方に似ています。私たちは、土で造られた人のかたちを持っていたように、天に属する方のかたちも持つことになるのです。」

復活のからだの性質

パウロは三九節から四一節で、肉の違いや輝きの違いを数え上げました。こうした自然界の出来事を挙げて、四二節で「死者の復活もこれと同じです」と言います。そして改めて、地上のからだと復活のからだの相違点を挙げていきます。

第一点は、四二節後半に「朽ちるもので蒔かれ、朽ちないものによみがえらされ」とあるように、今のからだは朽ちるものですが、復活のからだは朽ちないものであることです。「朽ちる」と訳されていることばは、「腐敗する」「滅びる」という意味です。今の私たちのからだは、腐敗するものです。滅び行くものです。腐敗する傾向をもっているのが、今のからだの特質です。ですから、からだは最後には墓に埋められるのです。しかし、復活の際に与えられるからだは、朽ちないもの、腐敗しないものです。腐敗する性質、朽ちていく性質をもちません。

第二の相違点は、四三節前半にあるように、今のからだは「卑しいもの」ですが、復活のからだは「栄光あるもの」であることです。「卑しい」と訳されていることばは、不名誉、侮辱、恥辱といった意味です。

今のからだには、卑しさや不名誉がついて回ります。ギリシア人たちは、からだというものを見下していましたから、彼らにとってからだが卑しいのは言うまでもありません。ユダヤ人たちは、からだ自体を見下すことはありませんでしたが、死体は穢《けが》れたものと考えていました。その意味では、からだに「ある卑しさ」を見ていたと言えるでしょう。

また「卑しい」ということばには、「恥ずべき」という意味があります。今のからだは「恥ずべき行為」の起点になります。聖書には、からだそのものを見下す思想はありません。なぜなら、からだも神が創造されたもので、本来良きものだからです。

しかし人間の堕落によって事態は変わりました。神の栄光を現すために与えられたからだが、恥ずべき行為をする主体となってしまいました。罪によって、からだというものが、罪を犯す起点になってしまいました。そこに、今のからだの「卑しさ」を見ることができるでしょう。

それゆえパウロはローマ人への手紙の中で「罪のからだ」「死ぬべきからだ」という表現も用いています。今のからだには、その意味で恥辱や不名誉がついて回ります。私たちが今生きているからだは、そういうからだであると言わないわけにはいきません。

しかし、よみがえりのからだ、復活のからだは違います。パウロは「栄光あるものによみがえらされ」と述べています。よみがえりのからだは「栄光あるもの」です。卑しさや恥辱がついて回る「今のからだ」とは違う、輝かしい栄光のからだなのです。

第三の相違点は四三節の後半です。「弱いもので蒔かれ、力あるものによみがえらされ」とあります。今のからだは「弱いもの」ですが、復活のからだは「力あるもの」です。私たちの「今のからだ」は本当に弱いものです。疲れや苦しみや病や衰えを担っています。からだをどんなに鍛えても限界があります。老化や病の問題は、だれにとっても切実なものです。そしてその弱さの行き着く先が死です。

しかしよみがえりのからだは、そのようなからだではありません。「弱さ」で特徴づけられるようなからだではなく、むしろ「力あるもの」であることが、そのからだの特徴です。現在の私たちのからだがもっているような限界がありません。疲れや衰えというものがありません。よみがえりのからだの特徴は「力強さ」にあります。

パウロは、今のからだと復活のからだの違いを明確に述べました。今のからだは、朽ちるもの、卑しいもの、弱いものです。ですから私たちは、からだがあることの重さに苦しみます。恥ずべき行為もからだでします。衰えもからだで感じて、悩むのです。病に冒され、からだで苦しむのです。からだで生きることが、私たちの苦しみと密接に結びついています。しかしそのからだが、全く新しいものとなります。イエス・キリストの復活の時に与えられるよみがえりのからだは、朽ちないもの、栄光あるもの、力あるものです。もはやからだの重さに苦しむことはありません。からだが罪を犯す起点になることもありません。衰えたり、苦しんだりすることもありません。

衰えることもない、力強い、輝かしいからだが与えられます。そのからだで神の栄光を現しつつ、永遠に生きるのです。それが、キリスト者に約束されている、復活のからだの性質です。

御霊のからだ

このように、今のからだとよみがえりのからだには大きな相違があります。今のからだと将来のよみがえりのからだとは、非連続的です。しかし連続性もあることが、四四節で述べられています。

「血肉のからだで蒔かれ、御霊に属するからだによみがえらされるのです。血肉のからだがあるのですから、御霊のからだもあるのです。」

この「血肉のからだ」が、今のからだのことです。そして将来の復活のからだが「御霊に属するからだ」です。この両者には大きな違いがありますが、何の繋がりもないわけではありません。

「血肉のからだで蒔かれ、御霊に属するからだによみがえらされる」とあるように、血肉のからだと、御霊に属するからだには、ある繋がりがあります。からだは確かに決定的に変わるのですが、しかし「私」という人格的統一性は保たれ、さらに「私のからだ」という連続性もあります。

ここでは、将来のよみがえりのからだが「御霊のからだ」と呼ばれています。「御霊のからだ」とは、「御霊が生かし、支配するからだ」のことです。カルヴァンは端的に「御霊によって生かされているからだ」だと言っています。

キリスト者である私たちには、すでに聖霊が与えられています。御霊によらなければ、だれもイエスを主と告白できないのですから、イエス・キリストを主、救い主と信じている者にはすべて、御霊が与えられています。御霊が宿っています。しかし私たちのからだには同時に、原罪があります。根深い罪の性質があります。古い人として生きる原理、つまり、神を神として生きるのではなく、自らを神として生きようとする原理が、私たちの中になお根を張っています。

キリスト者は確かに新しく生まれた者であり、聖霊によって、新しい原理を植えつけられています。イエス・キリストと結合し、神を愛し、人を愛する者とされ、希望と感謝に生きる者とされています。ところが、罪の性質のゆえに、その新しい人に生ききることができません。神を礼拝して本当に深い喜びを感じ、神のみこころに従って生きたいと心から願う一方で、自分の思いを優先し、人を押しのけたり、傷つけたりする言動をしてしまいます。礼拝に出て、天の御国の喜びを味わい、それを心から喜びながらも、同時に心とことばと行いにおいて、神のみこころを悲しませることを続けてしまう者たち。それが今の私たちです。

けれども、将来のよみがえりのからだにおいてはそれが変わります。「新しいいのちの原理」にふさわしいからだになります。

イエス・キリストによって私たちは新しく生まれました。とはいえ、私たちのからだは、まだ古い人を引きずっています。しかし将来は、そのからだが、新しいいのちにふさわしいものとなります。今すでに与えられている霊的いのちにふさわしい、御霊のからだが与えられます。それが復活のからだなのです。

アダムとキリストの対比

四五節以下では、アダムとキリストとの比較によってさらに議論を展開します。四五節にある「最初の人アダムは生きるものとなった」は、創世記二章七節のギリシア語聖書からの引用です。新改訳聖書ではこうなっています。

「神である主は、その大地のちりで人を形造り、その鼻にいのちの息を吹き込まれた。それで人は生きるものとなった。」

神は大地のちりでアダムを形造り、その鼻にいのちの息を吹き込まれました。それによって、アダムは生きるものとなりました。アダムは土のちりによって造られ、ただ神によって「生きるもの」となりました。

このことは、アダムだけでなく、アダムから出たすべての子孫に当てはまります。私たちも、土のちりで造られ、神によって、いのちある生きものとされています。さらにアダムが堕落したことによって、彼の子孫である私たちも、アダムと同じ罪の性質をもつ者となっています。

この最初の人アダムと、最後のアダムであるキリストが対比されています。つまり、最初のアダムの性質が、彼に続く全人類に刻みつけられたように、最後のアダムであるキリストの性質が、彼に属するすべての人たちに刻みつけられているのです。

最初のアダムが土のちりで造られ、神によって、いのちある生きものとなったように、私たちも同じようにされています。同様に、キリストが死に勝利され復活されたように、キリストに属するたちは、そのキリストと同じように、死に勝利して復活できるのです。

四五節の後半には「最後のアダムはいのちを与える御霊となりました」とあります。最後のアダムであるキリストが、いのちを与える霊であられます。最初のアダムは、神に創造された人間の性質と堕落の性質を全人類に与えました。しかし最後のアダムであるキリストは、真のいのちを与えるお方なのです。

続く四六節にはこうあります。

「最初にあったのは、御霊のものではなく血肉のものです。御霊のものは後に来るのです。」

この節はおそらく、当時のユダヤ教の中にあった霊を第一とする説に反論するためにパウロが書き加えた部分だと思われます。当時、ギリシア哲学の霊を重視する考えの影響を受けて、最初に「血肉のからだ」が創造されたことを否定するユダヤ教哲学者がいました。それを意識して、最初にアダムが土のちりから造られたことを明確にしているものと思われます。

そして四七節から、再びアダムとキリストとの対比がなされます。

「第一の人は地から出て、土で造られた人ですが、第二の人は天から出た方です。」

「第一の人」がアダム、「第二の人」がキリストです。ここでの対比の焦点は、それぞれの存在の起源です。アダムは地から出た者、地に起源をもつ者です。しかしキリストは天から出た方、天に起源をもつ者です。

確かにイエス・キリストは受肉して、真の人となられました。しかし真の神であることを捨てられたのではありません。キリストはもともと永遠の神であり、三位一体の神の第二位格であられました。永遠から永遠に生きておられる真の神です。

ですから、キリストの起源は天にあります。しかしアダムは、歴史の一時点で土から造られたのですから、地に起源をもつ者です。

このアダムとキリストは、それぞれに代表者としての性格をもっています。アダムは地に起源をもつ者の代表者であり、キリストは天に起源をもつ者の代表者です。そして、この代表者によって代表される人々は、代表者と等しくなることが、四八節で述べられています。

「土で造られた者たちはみな、この土で造られた人に似ており、天に属する者たちはみな、この天に属する方に似ています。」

アダムは土で造られた者です。そしてアダムの子孫はすべて、このアダムと同じ性質をもちます。「土で造られた者たちはみな、この土で造られた人に似て」いるのです。アダムの性質が、アダムの子孫である全人類の性質となります。

一方、キリストは天に属する者です。そしてアダムの場合と同様に、このキリストに連なる者は、キリストと同様の性質になります。キリストが天に属する者であるように、キリストを信じてキリストのものとされた者は、天に属する者となり、キリストと同様の性質を与えられます。つまり、キリストが天的な存在であるように、キリスト者も天的な存在なのです。

私たちは本来、アダムの子孫として地に属する者であり、罪と死に定められた者たちです。その私たちがアダムの子孫としての定めから脱却できるのは、すなわち、地に属する者から天に属する者とされるのは、ただイエス・キリストによります。キリストを信じ、キリストに結びつくことによって、私たちは天に属する者として、永遠の祝福に生きる者とされるのです。

キリストの似姿になる

四九節でパウロは結論的にこう述べています。

「私たちは、土で造られた人のかたちを持っていたように、天に属する方のかたちも持つことになるのです。」

三五節に、「死者はどのようにしてよみがえるのか。どのようなからだで来るのか」という問いがありました。それに対する最終的な回答がこの節です。

四九節にあるように、確かに今の私たちは「土で造られた人のかたち」をもっています。アダムの子孫として、アダムの似姿をもっています。からだの重さを感じ、罪の性質を担いながら生きています。それが現在の私たちの姿です。しかし、将来のからだはそうではありません。パウロはここではっきりと「天に属する方のかたちも持つことになる」と言っています。天に属する方、すなわち、キリストの似姿になるのです。

私たちに将来約束されている復活のからだとはどういうものでしょうか。端的な回答は、復活のイエス・キリストの似姿になることです。

パウロはピリピ人への手紙三章二一節でこう述べています。

「キリストは、万物をご自分に従わせることさえできる御力によって、私たちの卑しいからだを、ご自分の栄光に輝くからだと同じ姿に変えてくださいます。」

ヨハネの手紙第一の三章二節にもこうあります。

「愛する者たち、私たちは今すでに神の子どもです。やがてどのようになるのか、まだ明らかにされていません。しかし、私たちは、キリストが現れたときに、キリストに似た者になることは知っています。」

イエス・キリストの再臨の時、キリストは私たちの卑しいからだを「ご自分の栄光に輝くからだと同じ姿」に変えてくださいます。御子キリストのようにされるのですから、そのからだは、朽ちることのない、輝かしく力強いものです。もはや、弱さも、衰えも、病もありません。古い人の原理、罪の原理に揺さぶられることもありません。

新天新地において、御子をありのままに見ながら、生きる者とされます。そこで生きるために与えられる栄光のからだが、復活のからだなのです。

私たちの地上の生涯は旅のようなものですが、ゴールをしっかりと見据えて旅路を進むことが大切です。

キリストに結びついている者は、キリストの似姿とされる。そこに私たちの最終的な希望があるのです。

72　死は勝利に呑み込まれた

〈Iコリント一五・五〇～五八〉

「兄弟たち、私はこのことを言っておきます。血肉のからだは神の国を相続できません。朽ちるものは、朽ちないものを相続できません。聞きなさい。私はあなたがたに奥義を告げましょう。私たちはみな眠るわけではありませんが、みな変えられます。終わりのラッパとともに、たちまち、一瞬のうちに変えられます。ラッパが鳴ると、死者は朽ちないものによみがえり、私たちは変えられるのです。この朽ちるべきものが、朽ちないものを必ず着ることになり、この死ぬべきものが、死なないものを必ず着ることになるからです。そして、この朽ちるべきものが朽ちないものを着て、この死ぬべきものが死なないものを着るとき、このように記されたみことばが実現します。

『死は勝利に呑み込まれた。』

『死よ、おまえの勝利はどこにあるのか。

死よ、おまえのとげはどこにあるのか。』

死のとげは罪であり、罪の力は律法です。しかし、神に感謝します。神は、私たちの主イエス・キリストによって、私たちに勝利を与えてくださいました。ですから、私の愛する兄弟たち。堅く立って、動かされることなく、いつも主のわざに励みなさい。あなたがたは、自分たちの労苦が主にあって無駄でないことを知っているのですから。」

終末に起こる出来事

パウロは五〇節で、これまでの議論をまとめて次のように述べています。

「兄弟たち、私はこのことを言っておきます。血肉のからだは神の国を相続できません。朽ちるものは、朽ちないものを相続できません。」

「肉血のからだ」とは、物質的な今のからだのことです。この今のからだは、神の国を相続できません。今のからだは朽ちるものです。そのからだが、神の国を受け継ぐことはできません。

パウロが改めてこう語るのは、復活はすでに現実となり、救いはすでに完成したと主張していたコリントの信徒に反論するためでした。また、ユダヤ教の中にあった、復活を「地上のからだの再生」とみなす見解を否定するためでもありました。

私たちの今のからだは、決して「救いの完成したからだの姿」ではありません。また、復活して全く同じからだに再生するのでもありません。私たちは復活の時に、朽ちないからだ、力強く輝かしいからだに変えられます。

続いてパウロは、その復活の時がどのように来るかを述べています。終末の出来事は基本的に奥義です。その隠された神秘をパウロは告げるのです。

「私はあなたがたに奥義を告げましょう」と述べています。終末の出来事をパウロは五一節で、
終末に起こる出来事の第一が、五一節後半です。

「私たちはみな眠るわけではありませんが、みな変えられます。」

第一は、私たちが「みな変えられる」ことです。これは四二節以下で述べられたことです。私たちは今のからだとは異なるからだに変えられます。今のからだが完全に捨てられるのではなく、私の「今のからだ」が「変えられる」のです。

この「今のからだ」と「変えられたからだ」の間には、継続性と同時に断絶があります。「血肉のからだは神の国を相続できない」のです。そういう断絶があるものとして「今のからだ」は変えられます。

それゆえ私たちは、今のからだで将来生きるのではありません。とすれば、私たちはこの神の国を継ぐことのない血肉のからだに、あまりに固執した生活をしてはいけないことになります。血肉のからだを維持し、喜ばせることが、生きることのすべてになってはいけません。それは、この世の生がすべてという生き方にほかならないからです。

もちろん、血肉のからだも神が与えてくださったものですから、大切にしなければなり

ません。しかし、今のからだをどんなに維持しても、それが神の国を継ぐのではありません。また、今のからだも、それ自身を維持し喜ばせるために与えられているのではなく、それによって神の栄光を現すことが求められています。その視点なしに、今のからだに固執する生き方には意味がありません。

終末に起こる出来事の第二の点は、終わりのラッパとともに、すべてが変わることです。五二節の前半にこうあります。

「終わりのラッパとともに、たちまち、一瞬のうちに変えられます。」

ラッパは、黙示文学的な終末待望で常に見られるものです。ラッパは歴史に対する神の介入を告げる道具です。キリストの再臨こそ、神の決定的な歴史への介入ですから、ラッパが鳴るのです（マタイ二四・三一、Ⅰテサロニケ四・一六）。

そして、「たちまち、一瞬のうちに」すべてが変えられます。長い時間をかけて、徐々に変えられていくのではありません。「たちまち」は、最小限の時間単位を指します。まさに一瞬ですべてが変えられる。それが終末に起こる変化です。

終末に起こる出来事の第三点は、その変化はすべてのキリスト者に及ぶことです。五二節の後半にこうあります。

「ラッパが鳴ると、死者は朽ちないものによみがえり、私たちは変えられるのです。」

この「死者」は、キリストを信じて亡くなった者たちを指します。彼らはその時、復活して朽ちないものとなります。一方、主の再臨の時、まだこの世に生きているキリスト者もいます。パウロは、今生きている私たちも、主の再臨の時に「変えられる」と言います。つまり、キリストの再臨の時にこの世に生きているキリスト者は、いわば生きたまま「変えられる」のです。

こうして、すでに亡くなったキリスト者も、再臨の時なお地上に生きているキリスト者も、いずれも変えられることになります。血肉の今のからだではなく、朽ちない復活のからだを与えられるのです。

では、その「変えられる」とは、いったいどういうことなのでしょうか。それを説明しているのが五三節です。

「この朽ちるべきものが、朽ちないものを必ず着ることになり、この死ぬべきものが、死なないものを必ず着ることになるからです。」

「血肉のからだは神の国を相続できません」とあったように、今のからだと復活のからだには断絶があります。しかし両者は単なる断絶、非連続なのではありません。そこには連続性があります。そのことをこの節は改めて示しています。

来たるべき世においては、私という人格がいわば別の着物を着るのです。朽ちるもの、死ぬべきものを脱ぎ去って、朽ちないもの、死なないものを着ます。私という人格的統一性は保たれつつ、古いものを脱ぎ去って、新しいものを着るのです。

「内なる私」は変わることがありません。「内なる私」が変わらないならば、今生きているこの地上の生涯においても、この「内なる私」に心を配って生きることが大切です。「外なる私」、神の国を受け継ぐことのない「血肉」にばかり気を遣っていてはいけません。今のからだを維持し、喜ばせるだけでなく、むしろ「内なる私」に心を配る必要があります。

肉体の健康も大切ですが、たましいの健やかさはもっと大切です。肉体の健やかさ以上に関心を払うべきです。たましいが健やかであるためには、何よりもみことばによって養われること、祈ること、そして礼典にあずかることが大切です。つまり、神を礼拝することです。霊と真《まこと》とをもって神を礼拝することなしに「内なる私」が健やかであることはできません。

私たちのからだは衰え朽ちていきます。いずれ死んで、骨だけの小さな塊《かたまり》になります。しかし、それで構わないのです。なぜなら、血肉は神の国を受け継ぐのではないからです。けれども、内なる私は生き続けます。ならば今も、その内なる自分の健やかさにこそ、本当に心を配るべきなのです。

死と罪と律法の支配からの自由

パウロは、以上のことが神の定めであることを示すために、旧約聖書のみことばを引用しています。五四節、五五節です。

「そして、この朽ちるべきものが朽ちないものを着て、この死ぬべきものが死なないものを着るとき、このように記されたみことばが実現します。『死は勝利に呑み込まれた。』『死よ、おまえの勝利はどこにあるのか。死よ、おまえのとげはどこにあるのか。』」

五四節はイザヤ書二五章八節、五五節はホセア書一三章一四節からの引用です。パウロは、終末における救いの完成が、預言者のことばの成就だと言います。

「死は勝利に呑み込まれた」とあるように、終末は死の完全な敗北の時です。それまでは、死が人間を支配してきました。人間に対する死の支配は、絶対的なものに思えます。だれもがこれを逃れることはできません。そして死の前には、人間の力は全く及びません。人間のどんな力も、権力も、財力も、死に対しては無力です。最後には降伏するしかない。死の支配とはそれほどに強いのです。この世で頼りとしているものが、死に対しては通用しません。

そのように人間を支配している死が、完全に敗北する。それがイエス・キリストの再臨の時に起こります。死は人間の生涯に常に影を落としていますが、それが完全になくなります。死は勝利に呑み込まれるのです。

「死よ、おまえのとげはどこにあるのか」とありますが、このことばが五六節で解説されています。

「死のとげは罪であり、罪の力は律法です。」

「とげ」とは「針」の意味もあり、サソリの毒針などにも用いられることばです。つまり「とげ」は、人を苦しめる、人を死に至らせる攻撃力です。

パウロは五六節で「死のとげは罪であり」と述べています。死が「とげ」として人間に苦しみを与え、また人間を暴力的に支配するのは、いったい何によるのでしょうか。それは「罪」によります。

「とげ」は人間を攻撃し、苦しめるものです。そして死には、この「とげ」があります。しかし、死にとげがあるのは罪のゆえです。つまり、罪が赦されているなら、たとえ死があっても「とげ」は抜き取られており、苦しみを与えることはありません。

キリストによる救いにあずかっている者にとって、もはや死は「とげ」ではありません。パウロ自身、ピリピ人への手紙の中で、死はキリストのもとに行くことであり、損失ではなく益であって、それを熱望しているとさえ言っています（一・二一〜二三）。

罪が赦されていなければ、死は「とげ」をもって、人を苦しめ、支配します。また、地上の生涯の終わりである死の後には、裁きとしての永遠の死があります。つまり、死は「とげ」であり続けます。しかし、キリストによって罪を赦された者には、死の「とげ」はもはやありません。死は苦しみや暴力的支配ではありません。死の意味が変わるのです。

パウロが「死ぬことは益です」と言ったように（ピリピ一・二一）、死はキリストのもとに行くことです。キリスト者にとっては、死に「とげ」はなく、死はまさに祝福への入り口なのです。

五六節後半には「罪の力は律法です」とあります。律法は、神が人間に与えてくださったものですから、もちろん本来は良いものです。しかし堕落によって、人は律法によっていのちを得ることができなくなりました。律法には人を救う力がありません。むしろ、神の義の基準を設定し、それに届かない罪人を糾弾し、のろう役割を果たします。こうして律法は罪の力となってしまいました。

このように人は、死と罪と律法の支配下にあります。罪人であるとは、死に定められ、罪に支配され、律法ののろいの下にあるということです。しかし、その死と罪と律法の支配から、キリスト者は救われました。そのことを宣言しているのが、続く五七節です。

「しかし、神に感謝します。神は、私たちの主イエス・キリストによって、私たちに勝利を与えてくださいました。」

死と罪と律法が人間を支配していました。けれども、キリストによって勝利が与えられました。キリストが死に打ち勝たれたように、私たちキリスト者も死に打ち勝つことができます。またキリストは、律法ののろいから私たちを救い出してくださいました。ガラテヤ人への手紙が語るように、キリストが十字架の上で私たちの身代わりにのろわれた者となってくださったことによって、私たちは律法ののろいから贖い出されたのです（三・一三）。

さらにキリストは、罪の支配から恵みの支配へと、私たちを移してくださいました。ローマ人への手紙六章一四節には、「罪があなたがたを支配することはないからです。あなたがたは律法の下にではなく、恵みの下にあるのです」とあります。

キリスト者は、キリストに結びついた者として、もはや罪の支配下にはありません。新しいいのちに生きる者として、恵みの支配の下を生きることができます。死と罪と律法の支配からの自由です。その勝利はすべてイエス・キリストによって与えられました。キリストの勝利が、私たちのものとされました。

私たちが獲得した勝利ではありません。ただキリストによるものです。ただ恵みによるものです。それゆえパウロは「神に感謝します」と呼びかけるのです。

私たちキリスト者に与えられている救いの現実はすべて、イエス・キリストのおかげです。キリストの十字架と復活のおかげです。それゆえ私たちは、ただただ感謝に生きるのです。

私たちの労苦は無駄にならない

五八節のみことばは、一五章全体の最終的な結論です。

「ですから、私の愛する兄弟たち。堅く立って、動かされることなく、いつも主のわざに励みなさい。あなたがたは、自分たちの労苦が主にあって無駄でないことを知っているのですから。」

パウロは最後に、「堅く立って、動かされることなく、いつも主のわざに励みなさい」と勧告をしています。「堅く立って、動かされることなく」とは、どっしりと腰を落ち着けて、ふらふらしないことです。この世の様々な声に振り回されて、右往左往しないことです。

一五章には終末の約束、復活のからだの祝福のことが記されていました。神は、私たちが最終的にどこに行くのか、そこでどんな祝福が待っているかを明らかにしてくださいました。その最後のゴールをしっかり見つめていれば、私たちはまっすぐに歩むことができます。しかしそれを見ずに、周りのことに気を取られ、足もとばかりを見ていれば、かえってその歩みはふらつきます。終末の約束をしっかり握って、ゴールを見つめて、私たちは歩む必要があるのです。

パウロは「いつも主のわざに励みなさい」と命じました。この世で私たちがなすべきことは主のわざです。私たちは「私のわざ」ではなく、「主のわざ」に励む必要があります。主が命じられていること、主が願っておられることを果たすのが、私たちのこの世での使命です。

　そしてパウロは、最後に勧告の根拠を語ります。それが五八節の後半にある「あなたがたは、自分たちの労苦が主にあって無駄でないことを知っているのですから」です。

　復活の時に、私たちキリスト者の労苦はすべて報いられて実を結びます。キリスト者は決して落胆を味わいません。主にあってなされることはすべて、無駄になりません。空しく、空虚に終わってしまうことはありません。

　このように、復活の希望こそキリスト者のこの世におけるすべての行動に、価値と意味を与えるものです。復活の希望がなければ、つまずきの多いこの世にあって、勇気を失わずに生きることはたやすくありません。この世では、労苦が報いられる保証はありません。苦労しても報われないという現実が多くあります。

　この世では、ある意味で結果がすべてです。結果だけで評価、判断されてしまいます。それは本当に厳しいことです。けれども、神の評価はそうではありません。主は、私たちが主の業に励んでいるすべてをご覧になっています。人の目に見える部分だけではありません。見える実りだけを、主は評価されるのではありません。人には見えない業にも、主は目を留めて、それに報いてくださいます。

　それゆえ、復活の約束だけが、私たちが主の業に励む土台を与えます。私たちの業は不十分で欠けだらけです。だれよりも、主はそれをご存じです。しかし主は、私たちが主に従ってなしているその業に、報いてくださいます。人からは評価されない業であっても、主は、私たちの思いと業を知っておられます。そして報いてくださるのです。

主イエス・キリストは、ただ単に私たちを滅びから救ってくださった方ではありません。私たちが空しく生きることからも救ってくださいました。私たちの生涯が空虚なものとならず、意味あるものとなるようにしてくださいました。「自分たちの労苦が主にあって無駄」にはならないのです。これほどの大きな祝福の約束はありません。

私たちには、復活のからだによる永遠のいのちが、新天新地における祝福されたいのちが約束されています。その時を見つめて、私たちは「今日という日」に主の業に励むのです。そしてそのすべての労苦が、主によって報いられます。それほどの大きな祝福の中に、私たちは入れられているのです。

73　献金についての指示

〈Ⅰコリント一六・一～九〉

「さて、聖徒たちのための献金については、ガラテヤの諸教会に命じたとおりに、あなたがたも行いなさい。私がそちらに行ってから献金を集めることがないように、あなたがたはそれぞれ、いつも週の初めの日に、収入に応じて、いくらかでも手もとに蓄えておきなさい。私がそちらに着いたら、あなたがたの承認を得た人たちに手紙を持たせてエルサレムに派遣し、あなたがたの贈り物を届けさせましょう。もし私も行くほうがよければ、その人たちは私と一緒に行くことになるでしょう。私はマケドニアを通って、あなたがたのところへ行きます。マケドニアはただ通過し、おそらく、あなたがたのところに滞在するでしょう。冬を越すことになるかもしれません。どこに向かうにしても、あなたがたに送り出してもらうためです。私は今、旅のついでにあなたがたに会うようなことはしたくありません。主がお許しになるなら、あなたがたのところにしばらく滞在したいと願っています。しかし、五旬節まではエペソに滞在します。実り多い働きをもたらす門が私のために広く開かれていますが、反対者も大勢いるからです。」

エルサレム教会への献金の必要性

この手紙もいよいよ最後の章になりました。一六章はこの手紙の結びの部分です。そして一六章は大きく三つに分かれます。第一の部分が一節から四節で、ここにはエルサレム教会を援助する献金に関する具体的指示が記されています。第二の部分が五節から一二節で、ここにはパウロの宣教旅行の計画と、テモテおよびアポロの消息が記されています。第三の部分が一三節から二四節で、ここにはふさわしい生活の勧告、協力者の紹介、そして終わりの挨拶が記されています。

「さて、聖徒たちのための献金については、ガラテヤの諸教会に命じたとおりに、あなたがたも行いなさい」（一節）。

この「聖徒たち」は、エルサレム教会の人たちのことを指す当時の表現です。パウロはエルサレム教会のための献金を実行するように命じています。

「ガラテヤの諸教会に命じたとおりに」とあるように、パウロは異邦人の諸教会で、エルサレム教会のための献金を訴えていました。パウロが記したガラテヤ人への手紙（二・一〇）、ローマ人への手紙（一五・二五～二八）、コリント人への手紙第二（八、九章）にも、そのことが出てきます。パウロの働きにとって、この献金が大切な位置を占めていたことが分かります。

ではなぜパウロは、エルサレム教会のための献金を熱心に訴えていたのでしょうか。三つの理由が考えられます。

第一は、エルサレム教会が経済的に困窮していたためです。エルサレムには、ガリラヤなどの辺境の地で経済的・社会的に行き詰まった多くの人たちが集まっていました。地方には十分な仕事がなく、大都会に集まっていたということでしょう。それゆえエルサレムには構造的に貧困がはびこっていました。そしてキリスト者になる人たちの多くは、こうした貧しい人たちだったのです。

またエルサレムには神殿があり、まさにユダヤ教の本拠地でした。それゆえ、キリスト者に対する扱いは、とりわけ厳しいものがありました。キリスト者と分かれば、就職の機会が奪われました。ユダヤ人の主人は、使用人がキリスト者になれば解雇したと言われます。

また家庭においても摩擦がありました。ユダヤ人の父親は、キリスト者になった子どもには財産を相続させませんでしたし、キリスト者になった両親を、ユダヤ人の息子は援助しなかったと言われます。

このようにエルサレムには、生活基盤の弱いキリスト者が非常に多くいました。それゆえ、実際問題として、経済的援助がなければ教会が立ち行かない状況にあったのです。このエルサレム教会の貧しさが、献金を必要とした第一の理由です。

第二の理由は神学的な理由です。パウロは、異邦人教会がその福音のルーツであるエルサレム教会を援助することはその責任だと考えていました。

神の救済の計画の中で、まずユダヤ人が選ばれ御国の進展が図られました。そしてイエス・キリストの来臨によって、今や異邦人に福音が広がっているのですが、その前提には、神の民イスラエルの歴史がありました。神の民イスラエルなしに異邦人教会はありませんでした。それゆえパウロは、福音はエルサレムから始まり、エルサレムは教会の源であるから、すべての教会はエルサレム教会のために献金すべきだと考えたのです。

彼はローマ人への手紙一五章二六節、二七節で、異邦人教会はエルサレム教会の霊的なものにあずかったのだから、物質的なもので彼らを助けるのは義務であると述べています。それゆえパウロにとってこの献金は、単に貧しい教会を助けるという「愛の業」以上の意味がありました。そこには、自分たちの教会を生み出してくれた「母なる教会」に対する感謝と、その教会に繋がる「キリストのからだなる教会の一体性」を告白する意味がありました。教会が一つであることの証しと告白の意味があったのです。

この献金の第三の理由は、異邦人教会とエルサレム教会を繋ぐ交わりのためです。

エルサレム教会の保守的な人たちは、異邦人伝道自体になお警戒心を抱いていました。パウロの働きも警戒されていました。そうしたなかで、異邦人教会がエルサレム教会の痛みを分かち合うことで、一致と交わりを促進したいとパウロは願っていたと思われます。

パウロは、教会が内向きにならず、広い教会共同体との結びつきの中にあることを重視しています。だれもが、自分の所属している教会に第一の関心とまた責任を感じるのは当然です。しかし、それで完結してはなりません。ほかの教会との繋がりにいつも関心を払う必要があります。

私たちにとっては、まず同じ教派に所属している諸教会でしょう。けれども、それにとどまってはなりません。教派を超えて、日本全国の教会に、さらに全世界の教会にも関心を払う必要があります。そして、パウロがルーツとしてのエルサレム教会に特に関心を払ったように、私たちの教会のルーツに関心を払うのも大切でしょう。

パウロがエルサレム教会への献金を訴えたように、教会が内向きにならないことが、具体的な献金によって表されることが大切です。内側のことを第一にしつつも、同時に目を外に向けて、献げる教会であることが大切なのです。

献金についての原則

二節に献金の仕方についての具体的指示が記されています。これは、献金一般に当てはまるものです。

「私がそちらに行ってから献金を集めることがないように、あなたがたはそれぞれ、いつも週の初めの日に、収入に応じて、いくらかでも手もとに蓄えておきなさい。」

第一に、献金は「週の初めの日」になされることです。主の日の礼拝の中でなされたのだと思われます。主の日ごとに、継続的に献金は行われました。

第二に、「あなたがたはそれぞれ」とあるように、信仰者は全員が献金すべきです。お金がある人だけがすればよいのではありません。貧しい人はしなくてもよいと勧められるのでもありません。献金はあくまで、神に対する感謝と献身のしるしです。ですから、貧富の別なく、全員がそれぞれに参加すべきものです。

第三に、献金は「収入に応じて」なされるべきものです。「収入」と聞きますと、「現金収入」のことだけのように聞こえますが、そうではありません。「豊かにされた分に応じて」「神が与えてくださった分に応じて」ということです。

そして「与えられた分に応じて」献金はなされるべきですが、その額はあくまで各自の信仰の良心に委ねられます。献金は自由献金が原則です。恵みに対して自発的に力を尽くすべきであって、決して強制されてはなりません。

献金を考えるうえで一番重要なことは、すべてのものは神が与えてくださったと受けとめていることです。すべては神が与えられたものであり、神のものです。ですから献金とは、決して自分のものの一部を神に献げることではありません。すべては神が与えてくださったものです。それに感謝して献げるのです。真実な献金の土台はここにあります。与えられたというのは、管理を委ねられたということです。それは自分のものではありません。ならば、まず感謝して献げるのが当然なのです。

第四に、献金は計画的になされるべきです。パウロは、「私がそちらに行ってから献金を集めることがないように、……収入に応じて、いくらかでも手もとに蓄えておきなさい」と命じました。パウロがやって来て、慌てて、いわば圧力がかけられるような形でなされるような献金ではいけません。場当たりの衝動的な献金ではいけません。

「収入に応じて、いくらかでも手もとに蓄える」とあるように、全体を見て、神への献身として、意志的に、計画的になされるべきです。自分の信仰の良心にしたがって計画的になされるべきで、決して一時の衝動でなすべきではありません。

以上が献金についての四つの原則です。

教会における金銭の扱い方

パウロは、献金は神に献げるものですので、最後まで丁重に扱おうとします。三節、四節でこう述べています。

「私がそちらに着いたら、あなたがたの承認を得た人たちに手紙を持たせてエルサレムに派遣し、あなたがたの贈り物を届けさせましょう。もし私も行くほうがよければ、その人たちは私と一緒に行くことになるでしょう。」

パウロは、献金をエルサレム教会に届ける仕方にまで注意を払っています。あくまで、これをコリント教会の献金として、彼らによって届けさせようとします。

エルサレム教会への献金は、確かにパウロの呼びかけによるものでした。しかしパウロは、この献金を自らが預かろうとはしません。むしろ、自分が直接この献金に手を触れないように手はずを整えます。つまり、コリント教会から承認された人たちがこれを届けるのです。それを助けるためにパウロは手紙を書きます。また必要があれば、彼らに同行するとも言っています。

けれども、あくまでコリント教会の献金として取り扱います。コリントの信徒たち自身が献金を募り、パウロが来るまで保管し、そして彼らの代表がそれをエルサレム教会に届けるのです。そういう注意深い配慮をパウロはしています。

こうしたパウロの注意深さは、彼が金銭の怖さを知っていることから来ているのでしょう。教会にとって、お金の問題は決して小さな問題ではありません。パウロは、お金のことで不信をもたれることがないように、最大限の注意を払っています。

もしもパウロがコリントに来て、その献金を預かり、「私が責任をもってエルサレム教会に届けます」と言ったらどうでしょうか。もちろん、大半の人はパウロを信頼して、それで良いと思うでしょう。しかし、やはり不信を買う危険性がそこにはあります。そこから、パウロに対する信頼が崩れ、また教会において不信や対立が激化する可能性もないとは言えません。

それゆえパウロは細心の注意を払います。コリント人への手紙第二の八章で、この献金のことが再び取り扱われますが、彼はこう述べています。

「私たちは、自分たちが携わっているこの惜しみないわざについて、だれからも非難されることがないように努めています。主の御前だけでなく、人々の前でも正しくあるように心がけているのです」(二〇～二一節)。

パウロはこの献金のことで、だれからも非難されないように心を配りました。そのために、「主の御前だけでなく、人々の前でも正しくあるように心がけ」ました。お金の問題で人から不信を買うようなことがないように注意したのです。それがパウロにとっても、またコリント教会にとっても大切でした。

この原則は今日でも重要です。私は、牧師・伝道者は教会のお金を原則として扱うべきではないと思っています。教会のお金が、牧師のところでブラック・ボックスになることは絶対にあってはなりません。教会会計はガラス張りでなければなりません。その扱いは承認された責任ある人たちによってなされるべきです。

教会は霊的な共同体であるから、金銭の問題は曖昧で良いなどということは決してありません。金銭の問題で教会の根が蝕《むしば》まれていくということがしばしばあります。むしろ教会は、霊的な共同体であるから、神の御名を掲げている共同体であるからこそ、人の前にも恥じることのない公明正大さをもつ必要があります。

パウロのこの金銭に対する非常な注意深さは、今日の教会もまた倣う必要があるのです。

伝道者であり牧会者であるパウロ

五節から九節には、パウロの宣教旅行の計画が記されています。八節に「五旬節まではエペソに滞在します」とあるように、パウロは今エペソにいて、この手紙を書いています。そして「私はマケドニアを通って、あなたがたのところへ行きます」と、コリントに行くことを明言しています。四章一八節にあったように、コリント教会には、パウロはもうコリントには来ないと考えて、思い上がっている者たちがいました。それを意識して、コリントに行くことを明言していると思われます。

マケドニアを経由するとは、マケドニアにあるパウロが開拓した教会を訪問するということです。エペソには港町のミレトスがありましたから、船で直接エペソからコリントに行くことも可能でした。しかしパウロは直行せず、陸路を大回りしてピリピやテサロニケといったマケドニアの教会を訪問してから行くのです。

パウロは、コリントにしばらく滞在することを考えていました。六節に「冬を越すことになるかもしれません」とありますが、冬は自然条件が厳しいため、通常、旅はしません。冬の間コリントに滞在し、時間をかけて、コリント教会の諸問題を解決しようと考えたのです。

その後、六節の後半にあるように、コリントの信徒たちに送り出されて、新しい地に向かうことを願っていました。パウロは、ローマへの旅を計画していたと思われます。

六節後半にある「送り出す」ということばは、旅行の準備をして送り出すことです。食糧や金銭を与え、必要に応じて同行者も定めて送り出すことです。パウロは、コリント教会に支えられて、次の宣教旅行に出発したいと願っていました。

このようにパウロは、非常に注意深く宣教旅行の計画を立てていました。パウロは祈りつつ最善の計画を立てたのでしょう。同時に、そのすべてを神にゆだねていました。七節には、「主がお許しになるなら、あなたがたのところにしばらく滞在したいと願っています」と記されています。

パウロは最善の計画を立てますが、最後は主のみこころにゆだねています。主が許されるのでなければ、いかなる計画も現実にはなりません。計画を立てることは大切です。しかしそれを主に押しつけるのではなく、神のみこころにお任せすることが大切です。

八節にあるように、パウロは五旬節まではエペソに滞在することを願っていました。理由は二つありました。一つは「実り多い働きをもたらす門が私のために広く開かれている」ことです。実り豊かな宣教の機会が与えられていることです。

「門が開かれている」は完了形です。開かれたままになっている、ということです。伝道の好機が継続中であるということです。

伝道の好機はいつまでもあるわけではありません。それゆえ、その機会を逃さずに用いることが大切です。それが、パウロがなおエペソに滞在する第一の理由です。

もう一つの理由は、エペソには「反対者も大勢いる」ことです。つまり、問題が山積しているのです。パウロはこれに対処する必要がありました。

伝道の好機があるときは、同時に大変な困難がつきまとうものです。逆に言えば、困難な時こそ、伝道の好機でもあるといえます。

パウロは単に伝道すること、たましいを刈り取ることだけに関心をもっていたのではありません。教会の困難に対処することにも同じだけの関心を払っていました。これはことばを換えて言えば、パウロは伝道だけでなく、牧会や教会形成にも心を配っていたということです。パウロにとって伝道と教会形成は一つのことでした。

伝道者・牧会者としてのパウロの姿は、次のようにまとめることができます。

第一に、パウロは大きな視野で教会を導く人でした。教会の横の繋がり、さらには歴史的な繋がりに心を配り、各個教会がイエス・キリストの一つのからだなる教会の枝としての意識をもつように導きました。教会が内向きにならず、繋がりや交わりを大切にするように導きました。

第二に、パウロはきめ細かい配慮をする人でした。彼は神の前に大胆に生きる人であり、人を恐れない人でした。けれども、献金についての指示に見られたように、用心深さときめ細かさももっていました。不信や誤解が生じないために、最大限の配慮をする人でした。

第三に、パウロは霊的な必要に的確に答えようとする人でした。そのために知恵を絞り、計画を立てました。

彼は自らの働きが最大限に用いられるように、効率的に働こうとしました。エペソ滞在、マケドニア訪問、コリント滞在の計画にそれは表れています。彼は知恵を絞って、計画的に働こうとしました。

しかし、第四に、パウロは最終的にはすべてを主にゆだねていました。主にゆだねることと、自分が十分に考えて、きめ細かい配慮をし、計画性をもつことは決して矛盾しません。むしろそれは一つのことです。主にゆだねつつ、私たちは最善を尽くして生きるのです。

私たち一人ひとりの歩みも、教会の歩みも、かくありたいと願います。私たちも、あらゆることにおいてきめ細かく、知恵を絞って、計画性をもって進める必要があります。しかし根本においては、主にゆだねていることが大切です。

大きな視野と細かい配慮、霊的な知恵と計画性をもって、主にゆだねて生きる。そのような歩みが、私たち一人ひとりに、また教会に求められているのです。

74　一切のことを、愛をもって行いなさい

〈Iコリント一六・一〇〜一八〉

「テモテがそちらに行ったら、あなたがたのところで心配なく過ごせるようにしてあげてください。彼も私と同じように、主のみわざに励んでいるのです。だれも彼を軽んじてはいけません。彼を平安のうちに送り出して、私のところに来させてください。私は、彼が兄弟たちと一緒に戻るのを待っています。兄弟アポロのことですが、兄弟たちと一緒にあなたがたのところに行くように、私は強く勧めました。けれども、彼は今のところ行く意志は全くありません。しかし、良い機会があれば行くでしょう。目を覚ましていなさい。堅く信仰に立ちなさい。雄々しく、強くありなさい。一切のことを、愛をもって行いなさい。

兄弟たちよ、あなたがたに勧めます。ご存じのとおり、ステファナの一家はアカイアの初穂であり、聖徒たちのために熱心に奉仕してくれました。あなたがたも、このような人たちに、また、ともに働き、労苦しているすべての人たちに従いなさい。ステファナとポルトナトとアカイコが来たので、私は喜んでいます。あなたがたがいない分を、

彼らが埋めてくれたからです。彼らは、私の心とあなたがたの心を安らがせてくれました。このような人たちを尊びなさい。」

主の働き人を軽んじてはならない

パウロは、五節でコリントに再び行くことを明言しましたが、すぐではありませんでした。それで、自らの訪問に先立って、テモテを送ることにしました。一〇節、一一節は、そのテモテへの配慮をコリントの信徒たちに依頼している部分です。

テモテは、ギリシア人を父とし、ユダヤ人を母として、パウロによってキリスト教信仰に導かれた人です。パウロは彼を信頼し、パウロの助手のような存在でした。そして、テモテは数々の困難な課題をパウロの依頼で果たしていました。

今回のコリント行きもその一つですが、この任務はテモテにとって相当重い任務でした。それは、コリント教会の抱えていた問題の深刻さを考えれば想像がつきます。

パウロが来る前に、いわばパウロの果たすべき役割の前裁きをするのが彼の務めです。しかし、パウロであっても大変な務めを年若いテモテがするのですから、苦労が予想されました。そこでパウロはこのテモテに対する配慮を、コリントの信徒たちに命じたのです。

「テモテがそちらに行ったら、あなたがたのところで心配なく過ごせるようにしてあげてください」（一〇節）。

「心配なく過ごせるようにしてあげてください」と聞きますと、何か生活のために必要な世話をしてくださいという意味に読めますが、これはそれだけのことではありません。別の訳では「彼があなたがたのところで恐れを抱くことのないように注意してほしい」となっています。単なる生活の世話のことでなく、コリント教会にいた高ぶった者たちによって彼が攻撃されることをパウロは心配していました。そういったことからテモテを守ってほしいと願っています。さらに一一節にはこうあります。

「だれも彼を軽んじてはいけません。」

テモテはこの時まだ三十代半ばでした。若い働き人です。また、生来幾分、内気で臆病な性格であったようです。ですから、コリント教会にいた頑固な自信家たちと太刀打ちできないのではとパウロは心配しました。それゆえ、「だれも彼を軽んじてはいけません」と命じたのです。

なぜテモテを軽んじてはならないのでしょうか。パウロはその理由として一〇節の後半で「彼も私と同じように、主のみわざに励んでいるのです」と述べています。パウロはコリントの信徒たちに、テモテも自分と同様に、主のみわざに励んでいると言います。テモテは主のみわざに励む働き人であるから、軽んじてはならない、と言っているのです。

ここには、教会の働き人をどのように受けとめるべきかの原則が示されています。教会の働き人は、その人の個人的資質のゆえに重んじられるのではありません。その人が有能であるから、仕事ができるから、経験が豊富であるから、その人を評価し、重んじるのではありません。あくまで、その人が召されて主の働きをしているがゆえに重んじられるべきなのです。教会においては、人間のもっている個人的資質が評価の基準になってはなりません。それはこの世の評価で人を測ることです。あくまでも、神の視点から人を見つめることが大切です。とりわけ、教会の働き人は、召されて主の務めをしているがゆえに、重んじられるべきなのです。

パウロはさらに、「彼を平安のうちに送り出して、私のところに来させてください」と命じています。この「送り出して」は六節と同じように、旅に必要なものを整えて送り出してください、という意味です。テモテに対して、パウロに対するのと同じ扱いを求めています。同じ務めを担っているからです。

そして一一節の終わりでパウロはこう述べています。

「私は、彼が兄弟たちと一緒に戻るのを待っています。」

パウロは、テモテだけでなく、彼がほかの兄弟たちと一緒に自分のもとに来るのを待っていると言います。

手紙によって分かるように、教会と教会の間には生きた交わりがありました。パウロの宣教活動にともなって、教会間の交流が頻繁に行われていました。特に使徒たちや同労者たちの訪問が大きな意味をもっていました。ある神学者は「これは最も深い意味での教会の機能の一つだ」と述べています。

個々の教会は、孤立したり、内向きになったりしてはなりません。ほかの教会と生きた交わりをもつことは、教会にとってどちらでも良いような事柄ではありません。働き人だけでなく、信徒も含めて、ほかの教会と生きた交わりがあることは、教会のいのち、教会の本質に関わることです。私たちの教会は、キリストのからだの一つの部分なのですから、教会間の交わりは、キリストのからだを建てることに繋がっているのです。

慎重な伝道者アポロ

一二節には、アポロのことが記されています。使徒の働き一八章によると、アポロはアレクサンドリア生まれのユダヤ人で、雄弁な伝道者でした。最初はヨハネの洗礼しか知らなかったのですが、プリスキラとアキラによって正しい知識を得、力強い伝道者となりました。そしてコリントにも滞在して、大きな影響をコリント教会に与えたようです。しかしコリント教会の中で分派争いが生じた際に、「私はアポロに」などと称する人々によって、アポロ派が生まれていました。

とにかくアポロは、コリント教会の中で非常な尊敬を受けていました。それゆえ、コリント教会からパウロに宛てた手紙の中で、アポロがコリントを訪ねてくれるように要請したようです。

パウロもこれを受けて、一二節にあるように「兄弟たちと一緒にあなたがたのところに行くように、私は強く勧めました」と答えます。おそらくアポロなら、コリント教会内にある分派争いを収められると考えたからでしょう。パウロはアポロに、コリントに行くことを強く勧めました。

しかし今、アポロはコリントに行く意志はありませんでした。その理由は定かではありません。アポロを持ち上げようとしている人たちがいるなかで、今、コリントに行くことを警戒したのかもしれません。彼は、自分を持ち上げる人たちがいるところに喜んで出かけていくような無思慮な人間ではありませんでした。

いずれにせよ彼は、今は時ではないと思いました。今行くことが神のみこころとは思わなかったのです。ふさわしい時を待とうと考えました。

アポロは雄弁な伝道者ですが、その一方で、非常な繊細さと慎重さを併せ持っていました。主の時を慎重に見極める伝道者であったのです。

教会で尊ばれるべき人々

一三節と一四節が最後のまとめの勧告ですが、それは基本的に独立していますので、パウロの同労者について記している一五節以下を先に学ぶことにします。

一五節と一六節は、ステファナの一家に関するパウロの勧告です。

「兄弟たちよ、あなたがたに勧めます。ご存じのとおり、ステファナの一家はアカイアの初穂であり、聖徒たちのために熱心に奉仕してくれました」（一五節）。

パウロがコリントで自ら洗礼を授けたのは一度だけですが、それがこのステファナの家の人々でした（一・一六）。一五節に「ステファナの一家はアカイアの初穂」とあります。初穂ですから、アカイア州の最初の回心者ということです。そして初穂は、その後に続く収穫がイメージされていますので、彼ら以降、多くの回心者が与えられたのです。

おそらくステファナの一家は、ちょうどプリスキラとアキラがエペソでしていたように、自分の家をキリスト者の集会所にしていたのでしょう。そして一五節の後半にあるように「聖徒たちのために熱心に奉仕して」いました。発足当時のコリント教会にあって、ひたすら人々に献身的に仕えました。彼らは聖徒たちに仕えることを、自分たちの特別な責任とみなしていたようです。

彼らは「初穂」ですから、その教会で一番の先輩・古株です。しかし、先輩づらして人の上に立とうとするのではなく、かえって身を低くして仕える者の立場を取りました。それゆえパウロは、このステファナの一家の人々を模範とするように、一六節でこう述べています。

「あなたがたも、このような人たちに、また、ともに働き、労苦しているすべての人たちに従いなさい。」

このような人たちに従いなさい、とパウロは命じています。教会の発足当初から、兄弟姉妹に仕え続けてきたステファナの一家の人々。人間の通常の組織では、古くからいる者はいつのまにか権威や力をもちがちですが、彼らはむしろ身を低くして仕えることに徹していました。こうした人々を模範として従うようにとパウロは言います。

一七節、一八節は、エペソにいるパウロのもとにやって来た、コリントからの三人について記しています。三人とは「ステファナとポルトナトとアカイコ」です。彼らはコリント教会の重要な人たちであり、コリント教会からの質問を記した書状を持って来たのでしょう。パウロは彼らが来てくれたことをたいへん喜んだようです。

ただ一七節の後半にあります「あなたがたがいない分を、彼らが埋めてくれたからです」という部分は解釈が難しいところです。直訳は「この人たちはあなたがたの欠けたところを満たしてくれた」です。彼らが満たしたという「あなたがたの欠けたところ」とは何なのかよく分かりません。前後関係から判断すれば、コリントの信徒たちについて欠けていた情報を彼らが満たしてくれた、という意味ではないかと思われます。コリント教会の状況についての正確な情報を伝えてくれたのです。

それゆえ一八節にあるように、パウロは心が安らかになりました。ここも直訳すれば「私の霊を安んじさせてくれた」です。心を安心させてくれた、深い安らぎを与えてくれた、ということです。彼らがコリントからもたらしてくれた情報は、パウロの心を安らかにさせました。コリントから離れているため、パウロは状況がよく分からず、不安な思いを抱えていました。しかし彼らが確かな情報をもたらしてくれたことによって、パウロは安心することができたのです。

ここで一つ心に留めておきたいのは、一八節に「私の心とあなたがたの心を安らがせてくれました」とあることです。パウロは、自分だけが安心したと言っているのではありません。コリント教会の人々もそうだと言います。

コリント教会は、パウロによって生まれた教会です。パウロも特別な思いがあり、コリントの信徒たちもパウロに対して特別な思いがありました。しかしパウロがコリントを去り、時間が経つに連れて、お互いが不安を感じていました。互いに不信感が生じる危険さえありました。

交わりがないとき、互いに不安や不信が生まれる危険性があります。しかし、コリント教会からのこの三人が旅の危険を冒して、エペソのパウロのもとに来てくれたことによって、その不安や不信が解消したのです。それは両者に安らぎをもたらすものでした。それゆえパウロは「私の心とあなたがたの心を安らがせてくれました」と記したのです。

それでパウロは「このような人たちを尊びなさい」と付け加えています。彼らの労苦は十分にねぎらわれるべきです。パウロとコリント教会の確かな交わりの回復のために、彼らは労苦しました。そのような彼らを尊重しなさいとパウロは命じました。

教会において、だれが、また何が重んじられるべきかをパウロは示しました。ステファナの一家のように、自らを低くして兄弟姉妹に仕える人こそ重んじられるべきです。また、パウロのもとに行ったあの三人のように、教会の健全化と生きた交わりのために仕える人が尊重されるべきです。

個人の資質が第一に問われるのではありません。個人の資質のゆえに、尊重されたり、重んじられたりすることが教会ではあってはなりません。主に仕える務めが重要なのです。その務めのゆえに、互いを尊重し合うのが、教会のあるべき姿です。

最後の勧告

最後にパウロのまとめの勧告を見ておきます。一三節、一四節には五つの命令形があります。信仰者の基本的態度についての勧告です。

第一は「目を覚ましていなさい」です。霊的に眠っていてはいけない、ということです。この表現は、主の再臨を待ち望む姿勢として繰り返し出てくるものです。主イエスも「ですから、目を覚ましていなさい。あなたがたの主が来られるのがいつの日なのか、あなたがたは知らないのですから」（マタイ二四・四二）と言われました。またテサロニケ人への手紙第一の中でパウロは「ですから、ほかの者たちのように眠っていないで、目を覚まし、身を慎んでいましょう」（五・六）と命じています。

私たちキリスト者に求められる第一の姿勢は、いつ主が来られてもよいように目を覚ましていることです。いつでも主にお会いできる備えをして生活することです。

第二は「堅く信仰に立ちなさい」です。信仰に根ざして立ちなさい、ということです。私たちは自分自身の存在を何によって支えているでしょうか。私たちは何に根ざして生きているでしょうか。私たちの存在の土台、生の土台はいったい何なのでしょうか。私たちは何によって安定性を得ているのでしょうか。一番深いところで、何に根ざしているのでしょうか。何に拠り頼んでいるのでしょうか。

この世の多くの人たちにとっては、それがお金であったり、地位であったり、過去の業績であったり、家族であったりするでしょう。そうしたものによって、自らを支えて生きています。

もちろんそれらのことも大切です。しかしパウロは、そうしたものではなく、何よりイエス・キリストへの信仰に根ざして生きるように言います。キリストに自分の存在を基礎づけよ、と言います。キリストに拠り頼むことで、自分の安定性を得よ、ということです。そのほかのものは、いずれ過ぎ去るのです。この世の一時的なものです。一時的なものは、一時的にしか頼りになりません。しかしキリストだけは、永遠に頼るべきお方であり、キリストに拠り頼む者は失望に終わることがありません。

第三の命令と第四の命令は一つにまとめて訳されています。それが「雄々しく、強くありなさい」です。直訳すれば「男らしくありなさい。力強くありなさい」です。「男らしくありなさい」は、「勇気ある人になりなさい」「勇敢でありなさい」という意味です。

当時の社会の中で、キリスト者として生きるには勇気が必要でした。ギリシア人やユダヤ人からの圧迫・迫害がありました。そのうえ教会の中にも様々な問題があり、対立がありました。内においても外においても、戦いがありました。そうしたなかで、心が折れそうになっても不思議ではありません。しかしパウロは今こそ、「雄々しくあれ、勇敢であれ」と言うのです。

そして最後の命令が「一切のことを、愛をもって行いなさい」です。「雄々しく、強くありなさい」という命令の直後に、この命令があることが重要だと言えます。勇敢であること、力強くあること、摩擦を恐れないことが、確かにキリスト者には必要ですが、それはときとして、ひとりよがりな自己主張や、配慮を欠いた攻撃性になる危険があるからです。

パウロが求めたのは、強さ、雄々しさに愛が伴うことでした。強さが愛として現れることでした。この手紙の一三章でパウロは愛について語りました。愛こそが最高の道であり、どんなものでも愛がなければ無に等しい。愛がなければ何の益もない。そしてもっとも大いなるものは愛だと語りました。

ですからキリスト者の強さ、雄々しさにも、常に愛が伴わなければなりません。愛を伴う勇気が私たちには求められています。

この一四節を直訳しますと、「あなたがたの一切のことが愛において生じるようにしなさい」となります。自分自身から生じるすべてのことが、愛の性質を帯びるようにせよ、ということです。そのためには、私たち自身が愛の中に生かされていなければなりません。私たち自身が、大きな愛で愛されていなければ、決して自らの内から愛は出てきません。

パウロの確信は、イエス・キリストの愛はそれほどの愛であるということです。イエス・キリストの愛、十字架の愛で愛されている者たちは、愛に生きる者とされるのです。

キリストの愛は、抽象的な飾り文句ではなく、実際に私たちを生かす力ある愛です。その愛で愛されている者として、パウロのこの最後の命令を、しっかりと心に刻みたいと願います。

「目を覚ましていなさい。堅く信仰に立ちなさい。雄々しく、強くありなさい。一切のことを、愛をもって行いなさい。」

75 主よ、来てください

〈Ｉコリント一六・一九～二四〉

「アジアの諸教会がよろしくと言っています。アキラとプリスカ、また彼らの家にある教会が、主にあって心から、あなたがたによろしくと言っています。すべての兄弟たちが、あなたがたによろしくと言っています。聖なる口づけをもって互いにあいさつを交わしなさい。

私パウロが、自分の手であいさつを記します。主を愛さない者はみな、のろわれよ。主よ、来てください。主イエスの恵みが、あなたがたとともにありますように。私の愛が、キリスト・イエスにあって、あなたがたすべてとともにありますように。」

アキラとプリスカの働き

一九節以下は、最後の挨拶のことばです。

「アジアの諸教会がよろしくと言っています」（一九節）。

このアジアとは、小アジア地方のことで、今日でいうトルコの西部地方にあたります。その地方の首都がエペソでした。パウロは第三次伝道旅行の際に、エペソに三年近く滞在して伝道しました。エペソとその近郊にいくつかの信仰共同体があったのだと思われます。当時は、教会と教会を結ぶ正式な組織があったわけではありません。今日で言う教派というものはありません。しかし、教会と教会との間には交わりがあり、一体感がありました。それゆえパウロは「アジアの諸教会がよろしくと言っています」と述べています。パウロはエペソにいて、この手紙を書いているわけですが、その地域の諸教会を代表して挨拶を伝えています。

続いてパウロは「アキラとプリスカ、また彼らの家にある教会が、主にあって心から、あなたがたによろしくと言っています」と述べています。アキラとプリスカ夫婦は、パウロの働きにとってなくてはならない協力者でした。

夫のアキラは小アジアのポントス生まれのユダヤ人で、プリスカがその妻です。この夫婦がいつキリスト教に回心したかは定かではありません。彼らはかつて、天幕作りの職人としてローマに住んでいました。

しかし紀元五〇年ごろに、ローマ皇帝クラウディウス帝のユダヤ人追放令によってローマを追われ、コリントに移り住みました。そしてそこで、パウロと知り合ったのです。使徒の働き一八章の冒頭にあるように、「パウロは二人のところに行き、自分も同業者であったので、その家に住んで一緒に仕事」をしました。彼らの職業は天幕作りでした。そしてパウロは「安息日ごとに会堂で論じ、ユダヤ人やギリシア人を説得しようとした」のです。つまりパウロは、彼らの家を拠点にして、コリントで伝道したのです。

その後パウロはコリントを後にしますが、アキラとプリスカも同行しました。そしてエペソまで共に行き、そこでも彼らは、自分たちの家を教会の使用に供したのです。

当時は、教会堂はありません。教会が、教会堂という集会のための施設をもつようになったのは三世紀以降と言われます。それまでは、比較的裕福な信徒の家が集会所として利用されていました。当時の比較的裕福な中流程度の家ならば、応接間に三十人ほどは入れたそうです。アキラとプリスカは、コリントに続いて、エペソでもやはり、自宅を教会の集会所として用いていました。

そして彼らは後にローマに戻りました。ローマ人への手紙一六章三節には「キリスト・イエスにある私の同労者、プリスカとアキラによろしく伝えてください」ということばが記されています。彼らはローマに戻って、家の教会を作っていました。

そしてさらに後になると、テモテへの手紙第二(四・一九)の挨拶のことばから、彼らが再びエペソに行っていたことが分かります。

住む町が変わっているにもかかわらず、パウロの手紙の挨拶の中に繰り返し彼らが出てくることからも分かるように、彼らはどの町に行っても、教会の中心的な働き手でした。

いつも家を教会の使用に供していました。彼らは行く先々で、中心的信徒となって、家の教会」を形成したのです。

そしてアキラとプリスカの働きは、単に家を教会のために供していたにとどまりません。彼らの働きとして特に聖書が記していることは、伝道者アポロに正しい福音理解を教えたことです（使徒一八・二四以下）。

伝道者アポロは、雄弁家でしたが、当初は、福音の理解が正確ではありませんでした。そこでアキラとプリスカが正確に神の道を説明しました。彼らはパウロの助け手として、福音に通じていました。それゆえ、若い伝道者アポロを招いて、福音を正確に教えました。その結果、アポロは伝道者として大いに用いられる者となりました。

信徒が伝道者を教えることなど、あってはならないことだと感じるでしょうか。今日は神学校があり、教師になるための教育訓練がそこで行われます。伝道者は、訓練を受けた者として、信徒よりも正確な福音理解をもっていなければなりません。しかしそれでもなお、私は、信徒が伝道者を教える面は大きいと思います。またそれがなければならないと思います。とりわけ若い伝道者は、信徒によって育てられることがなければ、成熟した伝道者にはなれません。伝道者は信徒によって育てられる面があります。そのことを、伝道者自身も自覚している必要があります。同時に信徒の側も、そういう面があることを自覚している必要があるでしょう。

さらにこのアキラとプリスカは、たいへん勇敢な人たちでした。パウロはローマ人への手紙の中で彼らを紹介して、「二人は、私のいのちを救うために自分のいのちを危険にさらしてくれました」（一六・四）と述べています。それが具体的に何のことかはよく分かりませんが、おそらく、エペソでの激しい迫害の中で、アキラとプリスカはまさにからだをはってパウロを守ったのでしょう。彼らは、そのようなパウロの助け手でした。

パウロは言うまでもなく偉大な使徒であり伝道者です。しかし、パウロの働きの背後には、このような献身的な信徒がいました。アキラとプリスカなしに、パウロの働きは考えられなかったと言っても言い過ぎではないでしょう。彼らの助けがあったからこそ、パウロの働きは、教会的な意味で実を結んでいくことができたのです。

このことは今日も同じです。教会は、牧師や伝道者といった教職者の働きだけによって支えられ、成長するのではありません。教会はいつの時代でも、このアキラとプリスカのような、献身的な信徒によって支えられ、成長してきました。

教会において、伝道の進展の鍵を握るのは信徒です。これは牧師の働きは大した意味をもたないという意味ではありません。牧師が主から与えられている働きを忠実に行うこと、とりわけ神のみことばをしっかりと語り、教えるのは当然です。それがなければ、教会は教会として立ち行かないでしょう。

そのうえで、信徒がどれだけ主に対して献身的であるかが、教会の進展の鍵を握ります。

だれもがアキラとプリスカになれるわけではありません。アキラとプリスカのようなクリスチャンホームが生まれることを期待していく必要はありますが、皆がそうなれるわけではありません。

私たちは、それぞれの置かれている状況の中で、主に対する献身が求められています。信徒の献身によって、教会は確かに実を結んで前進していくことができるのです。

教会における挨拶の大切さ

パウロはさらに、「すべての兄弟たちが、あなたがたによろしくと言っています」と述べた後で、「聖なる口づけをもって互いにあいさつを交わしなさい」と命じています。「聖なる口づけ」というのは、初代教会の集会で習慣となっていた挨拶のことだと思われます。それは聖餐式に組み込まれていた行為であったかもしれません。「聖なる口づけ」とは、キリストにある者同士としての、互いの愛のしるしとしての挨拶のことです。「聖なる」ものですから、それはみだらなものであったり、うわべだけのものであってはなりません。

パウロはそのような真実な挨拶を互いにしなさい、と命じました。これは命令形です。教会において、兄弟姉妹が心からの挨拶ができることは、教会にとって非常に重要なことです。

「挨拶」は、小さなことではありません。愛し合い、受け入れ合っているのでなければ、私たちはまともな挨拶はできないのではないでしょうか。

教会が健やかであるかどうかは、心からの挨拶が互いになされているかどうかで測られると言ってもよいでしょう。個人の霊的な健やかさも、心を開いて挨拶ができるかどうかと無関係ではありません。

パウロは、教会で心からの挨拶が交わされることを願いました。コリント教会には、多くの争いがありましたから、「聖なる口づけをもって互いにあいさつを交わしなさい」という命令も、かなり挑戦的に響いたかもしれません。

心から挨拶ができないのは、何かが病んでいるからです。キリストにある兄弟姉妹であることよりも、別のことが大きな比重を占めて、心が固くなっている。キリストによる赦しを与えられている者としての心の柔軟性が失われています。それではいけない、とパウロは言います。

キリストにある兄弟姉妹としての挨拶ができるところに、キリストの教会としての交わりがあるのです。

主を愛することの大切さ

二一節でパウロは「私パウロが、自分の手であいさつを記します」と述べています。つまり、ここまでは口述筆記でした。

パウロの手紙は通常、書記によって口述筆記され、最後に、彼が直筆で挨拶を記しました。それがパウロの習慣でした。その最後の挨拶によって、この手紙がまさにパウロ自身のものであることが署名によって確認されるのです。

自筆の挨拶の中で、パウロは四つのことを書いています。

第一は「主を愛さない者はみな、のろわれよ」です。

自筆の挨拶で、いきなりパウロはのろいのことばを書いています。彼は生ぬるい挨拶のことばで、この手紙を閉じることはできませんでした。パウロが好きこのんでこういうことばを書いているとは思えません。パウロはやはり最後に、もう一度、コリントの信徒たちにしっかりと警告する必要を感じました。

コリント教会には本当に多くの問題がありました。分派があり、性的不品行があり、偶像崇拝があり、礼拝の秩序の乱れがありました。福音を危険にさらす行為や、教会を揺るがす行為をする者たちがいました。パウロは改めて、そうした人たちに警告します。

本当に主を愛さないならば、終末の裁きがあることを告げます。自分自身を真剣に主の御前に吟味し、主を愛する者として生きるように訴えています。

伝道者として、のろいや神の怒りを語ることは、できれば避けたいことです。パウロも同じであったでしょう。愛だけを強調したい。神の恵みだけを強調したいのです。

しかし、神の恵みは、神を侮る者には決して与えられません。人間が都合よく、自らを正当化するために、神の愛を語ることは許されません。

主なる神は侮られるようなお方ではありません。私たちは、義なる神を恐れる姿勢を失ってはなりません。それゆえパウロは改めて警告を発するのです。主の御前に、自分自身を探り、悔い改めるように求めています。

「主を愛さない者はみな、のろわれよ」とあるように、一番大切なことは、「主を愛する」ことです。真の神を、イエス・キリストを愛することです。神への愛こそが、キリスト者にとって中心的なことです。

神に対する心の姿勢が重要です。外に現れる行為や態度が第一ではありません。外に現れる面がどんなに立派でも、神に対する真実な愛がないならば、それはむなしいのです。

逆に、どんなに欠けが多くても、神に対する真実な愛があるならば、神はその人を受け入れてくださいます。大したことは何もできなくても、神に対する愛に燃えて、神を愛して従って行きたいと願っているならば、神はそれを喜んでくださるのです。

「私の愛」を届けるパウロ

自筆の挨拶の第二の部分は、「主よ、来てください（マラナ・タ）」です。マラナ・タということばはアラム語ですので、パレスチナの初代教会にさかのぼります。おそらく、初代教会の礼拝の中で用いられていたことばなのでしょう。そのことばが、コリント教会に宛てた手紙に用いられているということは、このことばはギリシアの教会でも一般的であったということです。

マラナ・タは、「主よ、来てください」という意味です。主イエスが速やかに再臨されることを熱望することばです。

この手紙の一五章二〇節以下で、パウロは終末の出来事について記しました。キリストの再臨、死者の復活、そして最後の敵である死が滅ぼされ、新天新地が与えられること。そこがキリスト者に約束されている希望のゴールです。救いの完成の時です。そのゴールを見つめ、早くその時が来るように祈りながら、私たちは今という時を生きるのです。

自筆の挨拶の第三の部分は、「主イエスの恵みが、あなたがたとともにありますように」です。読み手の上に主イエス・キリストの恵みを祈るのは、パウロのすべての手紙に共通しています。通常パウロは、手紙の最初で神の恵みを祈り、そして最後に再び、神の恵みを宣言して終わります。礼拝の最後に祝禱があり、恵みの宣言がなされますが、それと同じように、パウロは恵みの宣言をもって、手紙を閉じるのです。

自筆の挨拶の第四の部分が「私の愛が、キリスト・イエスにあって、あなたがたすべてとともにありますように」です。これがこの手紙の最後のことばです。

パウロが手紙の末尾で「私の愛」に言及するのは、この手紙だけです。その意味で、このことばには、パウロのコリント教会に対する強い思いが表れているのでしょう。

パウロは最後に「自分の愛」をコリントの信徒たちに届けます。自らの愛を送って、この手紙を閉じます。パウロがいったいどんな思いで、この手紙を書いているかが、明らかにされています。

確かに彼は、厳しいこともたくさん書いてきました。しかしそのすべては、彼らに対するやむにやまれぬ愛から出たことでした。

「あなたがたすべてとともにありますように」と、パウロはコリントの信徒たちのすべてのことを思いながら愛を届けます。その中には、パウロに敵対する者も、彼が厳しく対処しなければならない者も含まれていました。しかし、パウロはそのすべての人たちのことを思いながら、自らの愛を届けるのです。

パウロの愛は、彼自身に源をもつものではありません。その愛はイエス・キリストにおける愛です。人間的に考えれば、だれが自らに敵対する者を愛するでしょうか。教会を揺さぶるような問題のある者たちを愛するでしょうか。人間的に言うなら、それはあり得ないでしょう。

しかしパウロは、キリストを通して人々を見ていました。キリストがどれほど彼らを愛しておられるか。その思いを受けて、パウロもまた彼らを、キリストを通して見、キリストを通して愛していました。

パウロの自筆の挨拶は「主を愛さない者はみな、のろわれよ」という厳しいことばで始まり、「私の愛が、キリスト・イエスにあって、あなたがたすべてとともにありますように」で閉じられました。

最後の最後にパウロが示したのは、愛に生きる姿勢だと言えます。何よりも大切なのは「主を愛すること」です。それが第一です。そして主を愛し、主に愛される者として、今度はパウロのように、愛を届ける者となります。また一四節にあったように「一切のことを、愛をもって行う」者となるのです。

その意味で、最後に問われたのは、神への愛と、それに基づく隣人愛だと言えます。主イエスが言われたように、神への愛と隣人愛こそが、私たちに対する神の戒めの中心なのです。

そして私たちは、主イエス・キリストの十字架の愛で愛され、罪を赦されているがゆえに、赦され愛されている者として、愛に生きることができるのです。

神を愛し、そして自らの愛を届ける者となることが、私たちに対する主のみこころです。

この手紙を閉じるにあたり、このことをしっかりと心に刻んでおきたいと思います。

あとがき

本書はコリント人への手紙第一、一二章から一六章の講解説教集です。昨年、一章から六章を扱った『教会の一致と聖さ』と、七章から一一章を扱った『キリスト者の結婚と自由』を出版させていただきましたので、これでコリント人への手紙第一の説教集が完結することになります。

コリント人への手紙第一は、パウロが、コリント教会が直面していた具体的な様々な問題を、イエス・キリストの福音の光によって取り扱っているものです。取り扱われている問題は、きわめて広範に及びます。そして、そこで扱われている問題は、そのまま現代の諸教会が直面している問題と類似していると感じざるを得ません。

聖書はすべて神のことばであり、いたずらに優先順位をつけることはできませんが、あえて言うなら、教理を学ぶうえで最も重要な書物がローマ人への手紙であるとすれば、教会生活・信仰生活を学ぶうえで最も重要な書物がこのコリント人への手紙第一と言えるでしょう。それゆえ、この手紙を丁寧に学ぶことで、今日の教会の具体的な諸問題に福音の光を照らすことができると確信しています。

本書は、一二章から一六章の講解ですが、扱われているテーマは、聖霊の賜物に関する問題、とりわけ預言と異言の問題、そしてイエスの復活とキリスト者の復活の問題、さらに献金の問題などです。キリスト者には聖霊の賜物が与えられており、それを生かして生きることが大切ですが、一方でこの問題がしばしば教会で問題を引き起こしてきました。それゆえ、預言や異言の理解も含めて、聖書全体の光に照らしたバランス良い理解が不可欠です。また、復活の教理は、教会が立つか倒れるかの根本教理だと言えます。そして終末に関わるこの教理についても、聖書的な正しい理解が不可欠です。お読みいただければ分かるように、パウロの議論は本当に丁寧かつ牧会的です。そのパウロの問題の取り扱い方からも多くの示唆を与えられるように思います。

日本のキリスト教会は、まさに教派を超えて、宣教の行き詰まりという苦難の時を迎えています。人々が霊的な事柄に無関心になっているわけではありません。パワースポットや占い、前世といった、お手軽で個人的な「霊的事柄」への関心は高く、天皇制に見られる「伝統的宗教性」への好感度も高いようです。しかし一方で、既存の宗教に対する抵抗感が強いといった状況があります。日本を覆うこうした霊的現状を生み出したのはいったい何なのか。そこには、政治的・経済的・社会的な様々な要因が複雑に絡み合った時代の流れというものがあるように思えます。圧倒的な時代の力、この世の力を感じざるを得ません。

多くのキリスト教会は、この厳しい現状の中で、それを打開するための懸命の努力をしているように思います。時代が変わったから教会も変わらなければならない、とも言われます。

教会が危機感をもって取り組んでいることは尊いことだと私も思います。しかし同時に思うのは、教会は浮き足立ってはならないということです。キリスト教二千年の歴史、また特にプロテスタント五百年の歴史を学ぶことを通して感じるのは、教会が確かな歴史を刻むことができるのは結局、教会が教会の中心的事項に誠実であり続ける以外にないということです。プロテスタント教会にとって、それはみことばの説教と聖礼典です。すなわち公同礼拝です。礼拝において、一人ひとりが本当に力を与えられているか。みことばによって存在が揺さぶられるような礼拝になっているか。本当の慰めと新しい力が礼拝によって与えられているか。こうしたことが何より問われるべきなのではないかと思うのです。この部分を問うことなく、時代に合わせて教会を変革しようとする試みは、本当には実を結ばないのではないかと私は思います。

教会は、実に様々な時代を生き抜いてきました。私も危機感をもっていますが、決して悲観的にはなっていません。こうした時代であるからこそ、みことばにしっかり土台を据えて、教会の中心的な事柄を深めていく。そのうえでさらに、具体的な様々な工夫を凝らしていくことが大切ではないかと思っています。

二〇一三年三月末に日本キリスト改革派園田教会の牧師を辞し、四月から神戸改革派神学校の専任教授になりました。それまでは、教会の民とともに生きていましたので、これは本当に淋しいことでした。しかし、専任教授着任以降、めぐみキリスト伝道所（千里山教会所属）で月二回の奉仕の機会が与えられました。十人ほどの小さな群れです。しかし、本当に熱心な信仰者の集まりです。この群れが、いつも私のために祈り続けてくださいました。この七年間の働きは、この群れの祈りと交わりに支えられたものでした。それゆえ感謝を込めて、本書をめぐみキリスト伝道所の皆様に献げさせていただきます。

また本書の説教も、園田教会でかつてなされた主日礼拝の説教に基づいています。その意味で、園田教会の皆様にも改めて感謝申し上げます。

昨年一月にいのちのことば社出版部の長沢俊夫さんに初めて出会い、説教集の執筆を依頼されました。こうしてなんとか責任を果たすことができ、安堵しています。長沢さんの励ましと助けがなければ、この説教集が生まれることはなかったでしょう。その意味でも、心からの感謝を伝えたいと思います。

二〇二〇年三月　　新型コロナウイルス感染症の不安に世界が包まれている中で

袴田康裕

＊聖書 新改訳 2017©2017 新日本聖書刊行会

聖霊の賜物とイエスの復活

2020年5月1日 発行

著 者 袴田康裕

印刷製本 日本ハイコム株式会社

発 行 いのちのことば社
〒164-0001 東京都中野区中野2-1-5
電話 03-5341-6922（編集）
03-5341-6920（営業）
FAX03-5341-6921
e-mail:support@wlpm.or.jp
http://www.wlpm.or.jp/

ISBN978-4-264-04161-0

◆シリーズ 新約聖書に聴く◆

袴田康裕著

〈コリント人への手紙第一に聴くⅠ〉教会の一致と聖さ

分裂と党派争い、道徳上の乱れの中にある教会に対して、パウロはどんな指針を与えたのか。コリント人への手紙第一の一章から六章までを解き明かす。

定価二、〇〇〇円＋税

袴田康裕著

〈コリント人への手紙第一に聴くⅡ〉キリスト者の結婚と自由

異教社会の中でキリスト者は具体的にどう生きたらよいのか。結婚、社会生活、教会生活、礼拝の問題等に対する聖書のメッセージを聞き取る。コリント人の手紙第一の七章から一一章までを平易に語る。

定価二、〇〇〇円＋税

船橋　誠著
〈テトスへの手紙・ピレモンへの手紙に聴く〉健全な教えとキリストの心
定価一、五〇〇円＋税

内田和彦著
〈ペテロの手紙第一に聴く〉地上で神の民として生きる
定価一、六〇〇円＋税

遠藤勝信著
〈ペテロの手紙第二に聴く〉真理に堅く立って――ペテロの遺言
定価一、五〇〇円＋税

（重刷の際、価格を改めることがあります。）